王充批判方法運用例析

盧文信◎著

李序

一個讀書人最難的，莫過於學術上有獨創的見地；最可喜的，莫過於自己的思想結晶即將出版成書，這種悅樂有如喜獲麟兒。而盧文信先生寒窗多年，熬出《王充批判方法運用例析》乙書，行將由萬卷樓出版，猶如蘇格拉底的產婆摧生，其知識的結晶將公諸於世，亦是人生可爲欣喜之大事，實爲可喜可賀也。

於王充之《論衡》而論衡之，其思想於中國文化學術中之價值若何？一言以蔽之：疾虛妄而求真理者也。蓋中國學術中，儒家獨尊，儒術莫不在於求倫理道德之「善」，而忽略於追求知識真理之「真」。故其於知識真理辯證之精神，邏輯推論之探求，方法論之講究，件件皆是比較缺乏。因而在真理的論證，系統的嚴謹上，確實不如蘇格拉底辯證的精細，常有讓後人覺得含糊籠統，不知所云，難以把握其真理的確定性之感嘆。而王充的《論衡》卻於中國哲學史中獨樹一幟，其標榜在於真理之探求。爲疾虛妄而探求真理，故勇於挺身而出，批判虛妄謬說；且敢於〈問孔〉、〈刺孟〉，這在漢代尊孔子爲神或聖人的崇拜氣氛中，而敢指責孔聖人、孟夫子的「非」，那是要冒著飛掉腦袋的危險，這種爲捍衛其真理的勇者，是值得今人尊崇的。所以研究王充的思想，也是相當具有價值的。

於王充的批判「虛妄」，探求真理的方法中，王充應用科學驗證、實驗方法、邏輯推論、常識判斷、文詞的矛盾等等來批判古人某些觀念的錯謬，而力求其真理之所在。這些批判方法的運用與精神，在中國古書中很難找出第二部來，這便是王充的獨特風格處，值得後人來研究。

盧先生本為中文系學生，為研究王充《論衡》做預備，於先前已苦研邏輯學、知識論、中國科學史等等才執筆寫這本書。在其中，盧先生不僅闡明王充的批判方法，並且還挖出王充使用方法的錯謬處；換句話說，即是反批判了王充的錯誤點，將了王充一軍。這便是本書的「精彩」之處亦是價值所在，實有可觀之處，值得讀者閱讀。

李　增

於　輔仁大學中文研究所
民國八十九年九月十五日

自序

漢高祖劉邦建立了統一的大漢帝國，政治上的統一，促使學術也跟著走向融合的境地。然在學術的融合過程中，大量的滲入戰國末年以來所發展成的陰陽、五行、災異、感應等思想，使得學術走向深祕化；有漢一代，整個政治社會充斥著各種虛華不實的奇談怪論，人們沉溺其中，理性墮落。東漢王充生於這個僞書放流，民風靡薄的時代。基於知識分子對社會的關懷，著書論衡，奮力以批判的方式，來矯正社會的弊病。王充自幼聰穎，且勤苦自勵，精通經史百家，使其在批判方法的運用上極具特色。

論文之旨在闡明王充批判虛妄說運用方法的實況，其中包括：科學實證，邏輯推理，謬誤剖析；及從心理、自然、時代、實踐等角度來評斷是非。鑑古以知今，今日的臺灣，人們面對著的是：族群的糾葛，統獨的對立，科技與人文的失衡，經濟發展與環境保護的衝突…，這些問題給我們帶來了焦躁與不安。理想主義者各執一端，相互叫囂謾罵；廣大的黎民百姓徘徊其間，無所是從。此刻，千禧曙光初照，吾人更應深切的反省如何掙脫時代的困境？尋覓長遠穩定的主流價值？以期建立人與人、人與物之間，共存共榮的生存環境。東漢王充努力的運用理性批判，揭露事實，澄清價值；以激烈的辯說，淺顯的語言，來驚動人心，改造社會，王充的做法是否給我們帶來些許的啓示。

本書之撰著是依據愚之碩士論文增修而成。吾才不敏，於輔大中研所研究期間，幸蒙　李增老師悉心指導，使本論文無論在架構的擬定、資料的辨析、思想的真確上，都能得到適時的助益與啓發。知識之積累，非一蹴可幾，研究所修業期間，感謝王金凌老師在研究方法上的指導，吳哲夫老師在文獻考辨上的指導，李毓善老師在兩漢史學上的指導，黃湘陽老師在先秦諸子思想上的指導，故林炯陽老師在古聲韻學上的指導，孔德成老師在金文上的指導，及中文研究所所長　王初慶老師的耳提面命，最後衷心的感謝萬卷樓對學術著作出版之支持，使拙著能順利梓版，流布四方。

初試之作，頗多疏漏，尚祈各方賢哲，不吝賜教。今後愚將謹記師長們的教誨，勤於精業，立身以德，不負輔大中研所的栽培與教導。

盧文信　謹識

中華民國八十九年九月　于土城大尖山下

目次

李序／李增
自序
第一章 導論……一
第一節 批判與方法……三
一、批判的意義與目的……三
二、方法、方法學與方法運用……六
第二節 王充的生平事略與批判性格的形成……七
一、王充的生平……七
(一)、家世；(二)、求學；(三)、任官；(四)、待人；(五)、老年生活；
(六)、著述
二、形成一個批判思想家的溯源……一三
第三節 王充批判的對象……一六
一、文獻記載的失實……一七
二、聖賢崇拜的虛妄……一八
三、災異與感應……二〇

四、風俗迷信……二三
(一)、厚葬淫祀；(二)、迷信禁忌；(三)、神仙思想
五、天文知識……二五
第四節 歷來相關論題研究摘述……二六
附錄一
附錄二
第二章 引用事實核驗的批判方法……四三
第一節 以觀察、訪問的事實核驗……四五
一、自然觀察法……四六
二、人為觀察法（實驗法）……四八
三、訪問……五二
第二節 以文獻資料批判……五五
第三節 從環境中考察事實……六三
一、氣候環境……六三
二、地形環境……六五
三、生態環境……六六
四、文化制度……六七
第四節 以人、物能力的限制批判……六八

一、人的力氣……六九
二、人的精神持續力……七〇
三、人的行動力……七一
四、人的辨識能力……七二
五、物力……七四
第五節 以無事實根據論證……七五
一、相關文獻無記錄……七六
二、從未有過的經驗……八〇
三、以同時期的聖人沒說……八二
四、實際上無法證實……八四
(一)、無法實際觀察，(二)、無法檢驗的獨證
第六節 以自然科學與歷史知識驗證……八八
一、自然科學……八九
(一)、天文學，(二)、地球科學，(三)、農業技術
二、歷史事實……九七
第七節 核驗數據以明虛說……一〇一
本章結語……一〇四
第三章 藉著推論論證……一〇七

第一節　歸納法……一〇八
第二節　定言三段論式……一二〇
第三節　假言推理……一二五
一、否定後件式……一二七
二、否定前件式(無效式)……一三三
三、肯定後件式(無效式)……一三五
四、純假言推理的連鎖式……一三八
第四節　兩難推理……一四二
一、簡單建設式……一四三
二、複合論式……一四八
(一)、建設式；(二)、破壞式
第五節　類比推理……一五四
一、性質的類比……一五七
二、形式的類比……一六〇
(一)、因果關係；(二)、比例關係
三、差級類比……一六六
(一)、高級證低級；(二)、低級證高級
本章結語……一七三

第四章　以剖析謬誤駁斥虛說……一七五
第一節　不一致的謬誤……一七六
第二節　因果關係的誤認……一八九
第三節　壓縮證據的謬誤……一九五
第四節　觀察的謬誤……一九九
第五節　欠缺均衡與書籍崇拜的謬誤……二〇三
一、欠缺均衡……二〇四
二、書籍崇拜……二〇七
第六節　語言的謬誤……二〇九
一、簡約造成的謬誤……二〇九
二、歧義的謬誤……二一二
三、扭曲語意的謬誤……二一四
四、名實的謬誤……二一六
(一)、無其實的空名；(二)、取名不取實；(三)、名實不相應；(四)、名過其實
本章結語……二三四
第五章　其它批判方法……二三七
第一節　歷史想像法……二三七

第二節　因時制宜法與比較法……二三二
一、因時制宜法……二三三
二、比較法……二三四
第三節　從動機上著眼的批判……二三七
第四節　以實踐與推論的結果論證……二四二
第五節　以揭露神祕的認知法批判……二四六
第六節　詭僞的批判法……二五一
一、扭曲論題……二五二
二、縮小論題……二五四
三、擴大論題……二五五
第七節　以自然主義的世界觀批判……二五七
本章結語……二六〇
第六章　結　論……二六三
參考書目……二六七

第一章 導論

歷來學者對於王充思想的評價懸殊，究其原因，除了王充立論可能具有矛盾外（註一），學者個人所持的政治立場（註二）或道德觀點（註三）也是造成這種爭議的主要因素。然而如果僅以

註一：勞思光：「王充雖反讖緯及天人關係之說，仍相信符瑞；又力頌朝廷，作〈宣漢〉、〈須頌〉等篇，則其人究是否特重經驗科學之態度，亦尚可疑。若謂王充爲『有科學思想』之學人，則更屬無稽之語矣」《新編中國哲學史(二)》，頁一三八。

張奉箴：「至於所謂『超出時代的批判精神』和『批判的方法及態度』也值得商榷。原來王充一面以『疾虛妄』自豪，另一面卻又大講其『命』、『偶』和骨相、符瑞等虛妄。這種作風在批判學、理則學或認識論上，便是矛盾。矛盾是任何錯謬思想的標記，應該剷除，不值得學習！」以上引自《教育學刊》，第七期，〈論衡思想及其影響〉，頁三三〇，國立高雄師範大學教育學系及教育研究所，民國七十六年。

註二：我們可以從以下論文篇名，管窺大陸學者，因自身的政治立場，對王充產生強烈的推崇。楊向奎〈王充—我國偉大的唯物主義戰士〉，光明日報，一九五五年一月；周之〈我國古代傑出的反孔檄文—讀王充的〈問孔篇〉〉，解放日報一九七四年六月十三日；〈撕下孔老二的聖人面皮讀—王充的〈問孔篇〉〉遼寧日報一九七四年九月二十日。以上參考陳麗桂《兩漢諸子研究論著目錄一九一二—一九九六》臺北：漢學研究中心編印 民國八十七年四月。

註三：劉知幾於〈史通序傳〉斥王充爲「必責以名教，實三千之罪人也」（浦起龍《史通通釋》，卷九，頁二七五。）；《四庫全書》〈乾隆讀王充《論衡》〉：「背經離道，好奇立異之人，而欲以

批判態度與批判方法的角度來評價王充的思想，則可發現歷來肯定王充者多，否定者少。如見本章後（附錄一），學者們對於王充或褒增，或貶惡。褒增過盛，可能是王充言辯方法所具有的獨特性，在我國古代思想家中極爲少見，所以給予「第一」或「宗師」的封號。至於貶抑王充的學者，往往是因爲厭惡王充非難聖賢、蔑祖揚己等違反名教的舉動，連帶鄙視王充的批判風格。他們稱王充「言辯過激」、「詆毀聖賢」、「鄙冗無理」、「小辯驚俗」。如果去除過度的褒貶色彩，持平而論，學者們對於王充《論衡》中所具有的批判性，與豐富的言辯方法，觀感應該是一致的。正面的評價固然過當，負面的評價也並非能完全否定王充。試看持論「過激」，不正是表現一種強烈的批判企圖；無理的謾罵方可稱爲詆毀，總不能因聖賢地位尊崇，就不准人們做合理的批判；「鄙冗」是貶詞，然就王充而言，這正是他蓄意運用淺顯繁重的語言，來教化世人，這種語言適合社會大眾的閱讀能力，可將批判的影響力擴及市井小民；「小辯」竟能「驚俗」，可見小辯蘊藏開啓世人智慧的妙方。面對《論衡》一書對虛妄說的精彩批判，及學者不斷的發出「東方邏輯之宗」、「邏輯實證家」、「批判第一奇書」、「科學精神」、「實證精神」等讚嘆，使人不由得想要攀越牆垣，一觀其中的堂奧。本文論著的主要目的就是要貼近王充的心靈，掀開王

言傳者也。……讀《論衡》者，效其博辯，取其軼材則可；效其非聖滅道，以爲正人篤喻則不可。」以上引自（景印文淵閣《四庫全書．子部．一六八雜家類》，頁八六二－一，臺北：臺灣商務印書館）

充批判”虛妄說“運用方法的面紗，且進一步考察王充的批判方法與現代人熟知的邏輯、實證等方法相似之處，期使王充《論衡》一書的學術價值，能得到適切的定位。

第一節　批判與方法

一、批判的意義與目的

《說文》：「批，反手擊也。」（註四）又云：『判，分也。』（註五）宋朝大儒朱熹也曾說：「而今說天有個人在那裡批判罪惡，固不可；說道全無主之者，又不可。」（《朱子語類・理氣上・太極天地上》）綜合上面的引文來瞭解，批判的一般意義，可說是對罪惡的一種審斷，是對悖離事理的抨擊與分判。就哲學上的意義來探討，是指當一個「哲學家對於所懷疑的思想下一判斷以論衡其價值時，或以明辨是非底態度來確定其是否真理時，叫做批判或批評或評判。」

註四：引自段玉裁《說文解字注・十二篇上・手部》。
註五：引自段玉裁《說文解字注・四篇下・刀部》。

（註六）論定某一思想的價值，其結果可能是正面的評斷，也可能是一個否定的駁斥。然從批判一詞流行的意義看，其意義往往偏重於後者，那就是「不是給與一特定之處以駁斥或反對，就是給與一個著作底全部研究以拒絕或責難。」（註七）王充自述其著《論衡》的主要目的在「疾虛妄」（註八），疾是病的意思（註九），當動詞用具有憎嫌義，（註十）疾虛妄可說是對虛妄說的否定評判。如此，王充對虛妄說的批判意義，更符合流行的說法。近人對於王充思想的批判性，大多持肯定的態度。胡適稱王充的哲學是「批評的哲學」（註十一），梁啓超更進一步將《論衡》

註六：引自任卓宣《思想方法論》，頁一七○。

註七：引自任卓宣《思想方法論》，頁一七○。

註八：劉盼遂《論衡集解》，卷二十，〈佚文篇〉，頁四一三。臺北：世界書局。後面註解凡遇引用此書，僅附註篇名。陳叔良研究《論衡》一書版本的結果云：「民國以還之所刊行若四部備要等，率影印通津本；而據以排印，並加注釋者，則息縣劉盼遂之《集解》，桐城黃暉之《校釋》，稱贍博云。」（見《王充思想體系》，頁二四三，台灣商務印書館，民國七十一年十月初版）本論文有關《論衡》原典之引文，以劉盼遂《論衡集解》爲主，並參酌黃暉《論衡校釋》、孫人和《論衡舉正》之校釋注文。又因劉盼遂《論衡集解》之標點欠完善，且不合現代標點習慣，故本論文之標點，參考鄭文《論衡析詁》及袁華中、方家常譯注之《論衡》。

註九：段玉裁《說文解字注．七篇下．疒部》：「疾，病也。」

註十：顏昌嶢《管子校釋．小問第五十一》：「夫牧民不知其疾則民疾。」注文云：「尹曰：『…則民疾，疾謂憎嫌之也。』…」，卷第十六，頁四一三。

註十一：胡適：「《論衡》的精神只在『訂其眞僞，辨其虛實。』八個字。所以我說王充的哲學是批評的列為「批判哲學第一奇書」（註十二）；唐君毅也說：「王充是開一『以批評為學之道』也。」（註十三）所以具有鮮明的批判性，是《論衡》一書的首要特色。

唐君毅云：「一切重新審核我們已有之知識之有效性，一切指出我們之向某一向進行之思想不能有成果，而轉移其進行之方向，以使不同之思想，各向其可有成果之方向進行；使不同之知識或觀念信仰，各得其可能有效之範圍，即皆為批判法的哲學方法。」(註十四)依據唐氏的說法，批判的對象是已有的知識或思想，是對現有信仰的重新反省，故批判的目的並非要積極的建立新的理論，而是導引各種思想疏離謬誤，朝向更正確的方向前進。王充面對「虛妄顯於真，實誠亂於偽，世人不悟，是非不定，紫珠雜廁，瓦玉集揉。」（〈對作篇〉）的亂象，由於這種「豈吾心所能忍哉？」（〈對作篇〉）的心情，起而「權輕重之言，立真偽之平。」（〈對作篇〉）目的是「沒華虛之文，存敦龐之樸；撥流失之風，反宓戲之俗。」（〈自紀篇〉）黜偽存真，定「優

註十二：梁啓超〈莫伯驥五十萬卷樓群書跋文引〉曰：「《論衡》為漢代批評哲學第一奇書。」
註十三：見唐君毅《中國哲學原論．原道篇二》，頁二二三。臺北：臺灣學生書局，一九九一年二月出版。
註十四：引自唐君毅《哲學概論上．第十章　哲學之方法與態度下．第八節　批判法》，頁二〇四。臺北：臺灣學生書局，一九七六年八月修訂再版。
哲學。他的精神只是一種評判的精神。」（《論衡校釋．附篇四》）

劣之實」（須頌篇），使世人重新導入樸實敦厚的風尚，能夠明白是非之分（註十五），這正是王充批判虛妄邪說的目的。

二、方法、方法學與方法運用

批判雖然是一種主觀的內省工作，然而如果事先能依據有效的方法，則所做的論斷將更具說服力。方法一詞，最早見於《墨子・天志中》，云：「中吾矩者謂之方，不中吾矩者謂之不方。是以方與不方，皆可得而知之。此其何故？則方法明也。」依《墨子》的說法，方法的原義應爲"度量方形的法則"，後引申爲"爲達到某種目的，所使用的規則、手段和途徑的總稱"。方法的研究造就了方法學，方法學是從整體上探討一般方法特徵、運用規則與操作程序的學科。（註十六）考察《論衡》一書，我們很容易發現到，王充就事論事者多，有關方法的理論概括者少；縱有理論概括，也是零碎不夠深入，且缺乏明確的定義。如果僅從概括的觀念入手，實不足以看出王充豐富的論證方法，然而「占跡以睹足，觀文以知情」（〈佚文篇〉），直接從王充批駁虛

註十五：〈對作篇〉云：「況《論衡》細說微論，解釋世俗之疑，辯照是非之理，使後進曉見然否之分。」〈歲難篇〉且云：「總核是非，使世一悟」。

註十六：參考輔大《哲學大辭書》方法條與方法學條，頁一〇四－一〇五。

妄說的實例中，分析王充的思維，再印證王充所列述有關方法的觀念；這種做法似乎比直接分析零碎的觀念更爲可行。所以本文論題爲「王充批判方法運用例析」，就是希望從王充批判虛妄說的實踐過程中，逆推王充的思維規律。據袁山松《後漢書》云：「充所作《論衡》，中土未有傳者，蔡邕入吳始得之，恆祕玩以爲談助。其後王朗爲會稽太守，又得其書，及還許下，時人稱其才進。或曰：『不見異人，當得異書』，問之，果以《論衡》之益，由是遂見傳焉。」（註十七）蔡邕、王朗的言辯才智，得益於《論衡》在方法上的簡單概括？還是眾多的事驗推論？想必後者才是王朗、蔡邕掘取智慧的寶藏所在。

第二節　王充的生平事略與批判性格的形成

一、王充的生平

註十七：引自《後漢書集解・王充、王符、仲長統列傳第三十九》，唐・章懷太子注文引袁山松《後漢書》之內容，頁五八五，臺北：藝文印書館。

(一)、家世

王充，字仲任，會稽上虞人；生於東漢光武帝建武三年(西元二七年)，卒於和帝永元十二年(西元一〇〇年)。王充的先祖本魏郡元城人，幾世嘗立軍功，受封於會稽陽亭。後因變亂失去了爵位和封地，因此就落戶陽亭，並以農桑爲業。王充的曾祖父任氣凌人，好與人爭鬥，因而結下了許多怨讎。祖父怕仇家報復，舉家避禍錢塘縣，以經商爲業，生下伯父王蒙與父親王誦。伯父與父親仍不改先祖爭強鬥狠的家族本色，又與當地豪門丁伯結怨，在不得已的情況下，舉家遷居上虞縣。

(二)、求學

王充自幼恭敬仁順，六歲開始學習認字。八歲入書館，學習識字書寫，書法日益進步。隔一年，王充乃「辭師，受《論語》、《尚書》，日諷千字。經明德就。」辭謝了《論語》與《尚書》的老師後，轉往京師接受更專業的熏陶，《後漢書・王充傳》描述王充這段期間說：「後到京師，受業太學，師事扶風班彪，好博覽而不守章句。」在此其間，並常常「游洛陽市肆，閱所賣書，一見輒能誦憶，遂博通眾流百家之言。」可見王充的經學基礎，是在辭師後的受業及太學的學習；

所擁有的百家之學，則是流連於洛陽書肆博覽所得，也因百家之學，使得王充的眼界大開（註十八）。從此以後，王充「所讀文書，日益博多」。王充不拘泥學術派別，博通經史諸子，使其創作能「援筆而衆奇」，與人論說「始若詭於衆，極聽其終，衆乃是之。」

㈢、任官

在二十八歲那一年，王充開始他的第一次官宦生涯，「在縣位至掾功曹，在督尉府位亦掾功曹，在太守爲列掾五官功曹行事；入州爲從事。」郡縣爲功曹掾史，在州爲從事，王充所任的官職「皆與考核虛實，稽察功過有關」（註十九）且可能需負擔部分爲民平冤，裁斷訴訟的工作（註

註十八：〈別通篇〉：「百家之言，令人曉明。非徒窗牖之開，日光之照也。」同篇又云：「大才懷百家之言，故能治百族之病。」

註十九：依林麗雪《王充．王充年譜》考證，原文爲「按：《續漢書．百官志五》，郡、都尉、縣下皆云置諸曹掾史，且原著曰：『有功曹史，主選署功勞。』王充歷任縣、郡（按：太守即郡守之謂，爲郡的行政長官）都尉府（按：都尉爲郡的軍事長官）之功曹掾史（按：正曰掾，副曰屬），主管選署功勞，不預民事。而州從事一職，則爲刺史左吏。東漢時，刺史以每年八月巡行所部，錄囚徒，考殿最，猶明代之巡察御史。則王充所任諸職均與考核虛實、稽察功過有關。」，頁三七三－三七四。（臺北：東大圖書公司，一九九一年九月版。）

二十）。然王充的官宦生涯並不得意，主要是因爲王充負責稽核之事，難免得罪同僚；且「爲人清重，遊必擇友，不好茍交，所友位雖微卑，年雖幼稚，行茍離俗，必與之友，好傑友雅徒，不氾結俗材」，這種交友上的潔癖，造成「俗材因其微過，蜚條陷之。」王充被「污傷不肯爲自明」，「在得官不欣，失位不恨」的心情下，幽居獨處，譏俗論政，考辯虛實，著書以明志。（註二十一）

(四)、待人

王充性情恬淡，不貪求富貴。著重人們品德的高低，不計較官位的大小。所以好交品德高尚的文雅之士，不隨便與俗材交往。平日待人寬厚，「常言人長，希言人短。」、「能釋人之大過，亦悲夫人之細非。」官場生涯，雖然屢遭俗材的構陷，然王充並不爲自己辯解，將一切的禍福窮達，歸於時命。

註二十：依黃暉注文：「《前書・朱博傳》：『其民爲吏所冤，及言盜賊辭訟事，各使屬其其部從事。』從事之職權可知」（《論衡校釋・自紀篇》卷三十，頁一一九八）王充曾擔任從事的官職，所以也可能分擔這種裁決訟事的工作。

註二十一：〈自紀篇〉云：「充仕數不耦，而徒著書自紀。」

(五)、老年生活

元和三年，王充時六十歲，舉家遷徙陽州部的丹陽、九江、廬江等地。刺史董勤辟王充爲從事後，又轉任治中從事，主要的職務仍然是彈核糾舉。章和二年，王充罷官還家，同郡謝夷吾將他推薦給肅宗；王充因病，未能接受薦舉。王充晚年仍然從事著作，《論衡．自紀篇》自述其晚年的生活，可見《論衡》一書約在此時完稿。王充對於年壽將盡，頗多傷感之辭，人雖可藉著養性服引，延長生命，但「人亦蟲物，生死一時。」命將盡，不管怎麼努力，也難敵命運之神的召喚。王充於和帝「永元中病卒于家」（註二十二），享年約七十歲（註二十三）。

(六)、著述

考察《論衡》〈對作〉與〈自紀〉二篇，王充一生的作品共有下列五種：

一、〈備乏〉、〈禁酒〉

註二十二：引自《後漢書集解．王充、王符、仲長統列傳第三十九》，頁五八五，臺北：藝文印書館。

註二十三：參考黃暉《論衡校釋．附編二．王充年譜》，頁一二三四。

二、《譏俗節義》十二篇

三、《政務書》

四、《論衡》八十五篇，今闕〈招致〉一篇

五、《養性書》十六篇

上述的五種著作，除《論衡》外，今皆已亡佚，《論衡》一書亦闕〈招致〉一篇。據〈對作篇〉所述，〈備乏〉、〈禁酒〉之作，是因爲建初孟年，中州的糧穀收成不好，建議郡守的上書；據〈自紀篇〉所述，《譏俗節義》之作，是王充有感於「俗性貪進忽退，收成棄敗」而寫成的；《政務》一書，是因爲王充擔心人君行政，「不得其宜，不曉其務，愁精苦思，不睹所趨。」所寫成的，書的內容主要在陳述「郡國守相、縣邑令長陳通政事所當務，欲令全民立化，奉稱國恩。」至於《論衡》一書寫作的動機是「傷僞書俗文，多不實誠」而作，著書的目的是要矯正浮靡的社會風氣；王充晚年寫了《養性書》，〈自紀篇〉云：「曆數冉冉，庚辛域紀，雖懼終徂，愚猶沛沛，乃作《養性》之書凡十六篇。」此書的主要內容是教人「養氣自守，適時則酒，閉明塞聰，愛精自保，適輔服藥引導。」以延長壽命。

二、形成一個批判思想家的溯源

王充的先祖幾世立有軍功，可見先祖們都是奮勇善戰的優秀軍人。先祖們的勇武精神，傳給了王充的曾祖父，然這時家族已失去了軍功和爵位，沒有沙場征戰的勇士，不自覺得將精力轉移到逞凶鬥狠上面。曾祖父如此，祖父也是如此，到了父親和伯父更是變本加厲。這種勇於爭鬥的家風，想必也傳給了王充。然王充從小就接受較完整的教育，在禮教不斷的薰陶之下，將任氣使勇的個性，作理性的轉移，形成不畏的道德勇氣。（註二十四）理性轉移的對象，不再是鄰里、強敵，而是虛妄邪說；加諸對象的身上，不再是殺伐鬥毆，而是強烈的批判；手段不再是舞刀弄劍，而是據實推論以服人心。值得一提的是這種理性的轉移，除了潛移默化使然外，王充也清楚的意識到，道德議論的影響力勝過有限的筋骨力氣。（註二十五）不過王充的道德勇氣，似乎不能與儒家捨生取義的殉道精神相媲美；因為他往往在碰觸到可能讓自己遭禍的議題上卻步（註

註二十四：參考林麗雪《王充・王充年譜》，頁四〇七。

註二十五：〈效力篇〉：「論道議政，賢儒之力也……孔子能舉北門之關，不以力自章之。夫筋骨之力不如仁義之力榮也。」

二十六），使自己「可以免於罪」。究其原因，王充除了深受道家「守柔」、「全身」的思想影響外，我們也不要忘了，王充的先祖們平日雖然倚勢凌人，但是遇到豪強反撲時，所採取的竟是〝舉家搬遷〞，這種退卻的應世態度，是否同樣的根植在王充心靈的深處？

批判欲服人心，除了需具無比的道德勇氣外，更要依賴豐富的學養和方法的訓練。王充自幼聰穎過人，再加上後天不斷的學習，使他能博通經史百家；且一生羈旅宦遊，著重實事的他，於公務之餘暇，對於人間世事想必做過一番考察（註二十七），如此日積月累，自然能豐富他的批判內容。至於王充如何習得批判方法？首先是百家經典中，本來就蘊藏著古人豐富的言辯智慧，王充長期浸淫其中，自能窺得古人在方法運用上的精妙之處；不過王充並非一味的照單全收，而是擇其精華，去其糟粕，並以己意參酌融會。（註二十八）除了汲取前人的言辯方法外，王充歷

註二十六：如對漢代帝王運用符瑞神化自己，使帝國的政權得到合法的地位。王充對於這些欺瞞百姓的行爲，不僅不敢批評，而且還肯定符瑞的存在。

註二十七：從《論衡》中論及當時衆多的風俗觀念及社會事件，推知王充對時事應該做過詳細的考察。

註二十八：王充取法古人，稱許司馬遷爲「漢世實事之人」（〈感虛篇〉）贊嘆桓寬、桓譚、韓非子「質定世事，論說世疑，桓君山莫上也。…韓非〈四難〉，桓寬之《鹽鐵》、君山《新論》類也。世人或疑，言非是僞，論者實之。」對前人的言辯方法王充提出修正的意見云：「道家論自然，不知引物事，以驗其言行。」（〈自然篇〉）「儒家說夫婦之道，取法於天地，知夫婦法天地，不知推夫婦之道，以論天地之性，可謂惑矣。」（〈自然篇〉）「墨議不以心而原物，苟信見聞，則雖效驗章明，猶爲失實：墨術不傳也。」（〈薄葬篇〉）

任的官職，或「考核虛實，稽察功過」，或參與為民裁判訴訟的工作。從實際的工作中，獲取考辨虛實的經驗方法，或將已知的方法，於工作的實踐中證明其有效性，「問事彌多而見彌博，官彌劇而識彌泥。」（〈書解篇〉）總之，工作的歷鍊，對王充運用方法的能力，必有所幫助。（註二十九）

至於王充批判動機的形成，一方面是出於對社會的關懷，想要將世人從迷妄中拯救出來；另一方面是因為面對世人的嘲諷構陷時，不願做正面的辯駁，藉著著書表明自己的想法，並批判世俗的觀點，以緩解內心的委曲。（註三十）

註二十九：從《論衡‧答佞篇》中可窺知王充如何辨認賢人、佞人、讒人的的方法；〈程材篇〉中可見王充對文吏及儒生品評的觀點。

註三十：〈自紀篇〉：「充仕數不耦，而徒著書自紀。」；紀昀亦稱王充「內傷時命之坎坷，外疾世俗虛僞。」（黃暉《論衡校釋‧附編三》引《四庫全書總目提要》）

第三節　王充批判的對象

胡適說：「《論衡》現存八十四篇（註三十一），幾乎每篇都是批評的文章。」（註三十二）然細考《論衡》一書，部分的篇章以抒論爲主，並非每篇都具有同等的批判性。如〈對作〉與〈自紀〉是自述其生平與著作的動機；〈逢遇〉、〈累害〉、〈奇怪〉、〈命祿〉、〈氣壽〉、〈幸偶〉、〈命義〉、〈無形〉、〈率性〉、〈吉驗〉、〈偶會〉、〈骨相〉、〈初稟〉、〈本性〉、〈物勢〉諸篇，大體上是王充論述性命與偶適自然的觀點；〈齊世〉、〈宣漢〉、〈恢國〉、〈驗符〉、〈須頌〉、〈佚文〉諸篇是王充爲頌揚漢帝國功業隆盛的文章（註三十三）；〈答佞〉、〈程材〉、〈量知〉、〈謝短〉、〈效力〉、〈別通〉、〈超奇〉、〈狀留〉、〈定賢〉是王充品評人物的著作。上述所列都是比較不具批判性的篇章，其餘諸篇的批判對象，略可分論如下：

註三十一：案〈招致〉一篇有篇目，內容已佚，故胡適云：「存八十四篇。」

註三十二：胡適著《中國中古思想小史》，頁五五。

註三十三：〈須頌篇〉：「司馬子長紀黃帝以至孝武，楊子雲錄宣帝以至哀、平。陳平仲紀光武，班孟堅頌孝明。漢家功德，頗可觀見。今上即命，未有褒載，《論衡》之人，爲此畢精，故有〈齊世〉、〈宣漢〉、〈恢國〉、〈驗符〉。」又〈對作篇〉云：「〈齊世〉、〈宣漢〉、〈恢國〉、〈驗符〉、〈盛褒〉、〈須頌〉之言，無誹謗之辭，造作如此，可以免於罪矣。」

一、文獻記載的失實

西漢初年，陸賈始倡以五經六藝來維繫人倫秩序。（註三十四）接著賈誼總結秦亡的經驗教訓，主張以《書》、《詩》、《易》、《春秋》、《禮》、《樂》等六藝，當成人們自脩的工具（註三十五）。至漢武帝「罷黜百家，獨尊儒術。」設立五經博士，儒家的經典，受到帝王的尊寵，再加上儒者的推波助瀾，在原有的基礎上，融入陰陽、感應、災異等思想。儒家的經典逐漸神秘化、教條化，甚至以《春秋》治獄（註三十六），連經傳篇數，都神乎其神。（註三十七）自西漢末年至東漢初年間，古今文家，對於經文的詮解爭論不休，王充生於東漢初年，面對「俗

註三十四：參考漢・陸賈《新語・道基第一》：「禮義不行，綱紀不立，後世衰廢，於是後聖乃定《五經》，明《六藝》，承天統地，窮事察微，原情立本，以緒人倫。…以匡衰亂。」又說：「聖人防亂以經藝。」》，頁二―三，臺北：世界書局出版。

註三十五：賈誼《新書・六術第四十七》：「是故內法六法，外體六行，以與《書》、《詩》、《易》、《春秋》、《禮》、《樂》六者之術，以爲大義，謂之六藝。令人緣之以自脩，脩成則得六行矣。」第八卷，頁五四，台北：世界書局。

註三十六：引自楊家駱主編《新校本史記三家注・儒林列傳第六十一》：「步舒至長史，持節使決淮南獄，於諸侯擅專斷，不報，以《春秋》之義正之，天子皆以爲是。」，卷一百二十一，頁三一二九。

註三十七：〈正說篇〉曰：「說事者好神道恢義，不肖以遭禍。是故經傳篇數皆有所法。」

傳蔽惑，僞書放流。」（〈對作篇〉）的亂象提出強烈的質疑。王充指出「經之傳不可從，五經皆多失實之說。」（〈正說篇〉）不僅訓解經文的傳注失實，連一般人認爲萬世不易的經書，也往往譬喻增飾。王充說：「倘經藝之言如其實乎？言審莫過聖人，經藝萬世不易，猶或出溢，增過其實。」（〈藝增篇〉）王充對於虛妄文獻的批判，主要見於〈書虛〉、〈語增〉、〈儒增〉、〈藝增〉、〈正說〉、〈書解〉、〈案書〉。

二、聖賢崇拜的虛妄

漢立經學博士，世傳孔子脩定《詩》、《書》、《禮》、《樂》、《易》、《春秋》，六藝經過孔子的整理，才有較完整的面貌。（註三十八）所以說經的學者，都尊崇孔子爲聖人。《史

註三十八：楊家駱主編《史記三家注・孔子世家第十七》：「故孔子不仕，退而脩《詩》、《書》、《禮》、《樂》弟子彌眾，至自遠方，莫不受業焉。」又云：「孔子之時，周室微而禮樂廢，詩書缺。追三代之禮，序《書傳》，上紀唐虞之際，下至秦繆，編次其事…故《書傳》、《禮記》自孔氏。」又云：「自衛反魯，然後樂正，《雅》、《頌》各得其所。古者《詩》三千餘篇，及至孔子，去其重，取可施於禮義，上采契、后稷，中述殷、周之盛，至幽厲之缺，始於衽席。…三百五篇孔子皆弦歌之。…禮、樂至此可得而述，以備王道，成六藝…孔子晚年喜《易》，序〈彖〉、〈繫〉、〈象〉、〈說掛〉、〈文言〉。」又云：「因史記作《春秋》，上至隱公，

記‧孔子世家》云：「中國言六藝者，折中於夫子，可謂至聖矣。」然這種聖人形象，有逐漸被神化的趨勢，不僅孔子被神化，經書中常被提到的聖人，諸如堯、舜、禹、湯、文、武、周公⋯等聖人也是如此。「儒者論聖人，以為前知千歲，後知萬世。有獨見之明，獨聽之聰。事來則名，不學自知，不問自曉，故稱聖則神矣。」（〈實知篇〉）王充認為聖非神，他批判聖人，並非全然否定聖人的德操才智，而是為了打破一般人對偶象的崇拜；也就是說王充的主要目的，是為了促使神格化的聖人，重新回到人格的位置。除了破除神化，王充批判聖賢的另一目的，是為了矯正當時博士諸生不知問學的學術風氣。王充說「世儒學者，好信師而是古，以為賢聖所言無非，專精講習，不知問難。夫賢聖下筆造文，用意詳審，尚未可盡得實；況倉促吐言，安能皆是。」（〈問孔篇〉）聖賢難免有失誤的時候，學術的傳承不能如「鸚鵡能言」（〈超奇篇〉），要懂得思辯問難，才不致使理性固著。只知「守信師法，雖辭說多，終不為博。」（〈效力篇〉）王充對於聖賢的批判，主要見於〈問孔〉、〈非韓〉、〈刺孟〉、〈知實〉、〈實知〉等篇。

訖哀公十四年，十二公。」卷四十七，頁一九一四—一九四三。（效力篇）：「孔子周世多力之人也，作《春秋》，刪五經，祕書微文，無所不定。」

三、災異與感應

漢代災異感應學說盛行，到了「景武之世，董仲舒治《公羊春秋》，始推陰陽，爲儒者宗。」（《漢書・五行志》）當時被奉爲儒者宗師的董仲舒言感應稱：

故氣同則會，聲比則應，其驗皦然也。試調琴瑟而錯之，鼓其宮，則他宮應之，鼓其商，而他商應之，五音比而自鳴，非有神，其數然也。美事召美類，惡事召惡類，類之相應而起也，如馬鳴則馬應之，牛鳴則牛應之。帝王之將興也，其美祥亦先見，其將亡也，妖孽亦先見，物故以類相召也。故以龍致雨，以扇逐暑。天將陰雨，人之病故為之先動，是陰相應而起也……有喜者，使人不欲臥者，是陽相索也……故陽益陽，而陰益陰，陰陽之氣，因可以類相益損也。天有陰陽，人亦有陰陽，天地之陰氣起，而人之陰氣應之而起，人之陰氣起，而天地之陰氣亦宜應之而起。其道一也。（《春秋繁露・同類相動》）

董仲舒藉著物類間因數量、美惡、物種、陰陽之氣的類同，所產生的感應現象，證明天人之間確實普遍存在著相互感應的關係。人與物類或人與天地之間的感應是雙向的，即人可感天地萬物，天地萬物亦可感人。帝王的興亡，與自然界中的祥瑞妖孽間能彼此感應。董仲舒言災異稱說：

天地之物，有不常之變者謂之異，小者謂之災。災常先至，而異乃隨之。災者，天之譴也；異者，天之威也。譴之而不知，乃畏之以威。……凡災異之本，盡生於國家之失。國家之失始萌芽，而天出災異以譴告之；譴告之而不知變，乃見怪異以驚駭之；驚駭之尚不知畏恐，其殃咎乃至，此其見天意之仁，而不欲陷人也。

（《春秋繁露．必仁且智》）

董仲舒認爲，每當國家施政出現缺失，上天就會藉著災異來譴告威赫，所以災異乃天所發出的預警。此時人君行政如果不知畏恐，飭德脩政，那麼真正的禍殃就會降臨。自董仲舒以後，承繼的學者絡繹不絕，推陰陽，言災異者，在西漢「孝武時有：夏侯始昌，昭、宣則眭孟、夏侯勝，元、成則京房、翼奉、劉向、谷永，哀、平則李尋、田終術。此其納說時君著明者也。」（註三十九）在東漢，以災異納說時君的有「光武時的鄭興、尹敏、馮衍、朱浮；明、章時的楊終、東平憲王

註三十九：引自楊家駱《新校本漢書．眭、兩夏侯、京、翼、李傳第四十五傳》，頁三一九五。

蒼、馬嚴、丁鴻」（註四十）永平年間九江多暴虎，當時郡守宋均以爲咎在殘吏，宜退姦貪進忠善，方可去除暴虎的災害，（註四十一）可見當時災異思想不僅深入帝王之都，甚至在地方上也是普遍流傳。王充生逢災異感應說盛行的年代，面對許多似是而非的言論，追求實事的他，自不能認同災異感應的說法。在感應觀方面，王充主張「大可以動小」但是「小不能動大」；在災異觀方面，王充主張「天道自然無爲，如譴告人，是有爲，非自然也。」(〈譴告篇〉)黃暉甚至將《論衡》一書，歸結爲對天人感應說的批判，他說：「《論衡》是中國哲學史上一部劃時代的著作：用道家的自然主義攻擊這儒家的天人感應說，使中國哲學史上揭開一大波瀾。」（註四十二）王充對於災異感應的批判，主要見於〈奇怪〉、〈變虛〉、〈異虛〉、〈感虛〉、〈福虛〉、〈禍虛〉、〈龍虛〉、〈雷虛〉、〈寒溫〉、〈譴告〉、〈變動〉、〈明雩〉、〈順鼓〉、〈亂龍〉、〈遭虎〉、〈商蟲〉、〈講瑞〉、〈指瑞〉、〈是應〉、〈治期〉、〈自然〉、〈感類〉等篇。

註四十　：引自陳叔良《王充思想體系》，頁十八。

註四十一：《後漢書集解・鍾離宋寒列傳第三十一》「遷九江太守郡，多暴虎數爲民患。常募設檻阱而猶多傷害。均到下記屬縣曰：『夫虎豹在山，黿鼉在水，各有所託；且江淮之有猛獸猶北土之有雞豚也。今爲民患咎在長吏，而勞動張捕，非憂恤之本也。其務退姦貪，思進忠善可一去。檻阱除，削課制，其後傳言虎相與東游度江。」，頁五〇五－五〇六。臺北：藝文印書館。

註四十二：引自黃暉《論衡校釋・自序》，頁二。

四、風俗迷信

(一)、厚葬淫祀

東漢世俗競相奢靡，厚葬成風。漢光武帝曾爲此頒布薄葬令，其詔文曰：「世以厚葬爲德，薄終爲鄙，至于富者奢僭，貧者單財，法令不能禁，禮義不能止，倉卒迺知其咎，其布告天下，令知忠臣孝子，慈兄悌弟，薄葬送終之義。」（《後漢書・光武帝紀》）這種厚葬的風氣至明帝永平年間仍未見改善，永平十二年所下詔的薄葬令曰：「喪貴致哀，禮存寧儉。今百姓送終之制，競爲奢靡，生者無擔石之儲而財力盡於墳土，伏臘無糟糠而升牢兼於一奠，糜破積世之業，以供終朝之費，子孫饑寒絕命於此，豈祖考之意哉！」（《後漢書・孝明帝紀》）世俗的奢靡，除了表現在厚葬的風氣外，人民喜好淫祀，往往將財力耗費在祭祀鬼神上，也是原因之一；尤其是王充的故里會稽更是如此。《後漢書・第五倫傳》云：「會稽俗多淫祀，好卜筮。民常以牛祭神，百姓財產以之困匱。其自食牛肉而不以薦祀者，發病且死，先爲牛鳴，前後郡將莫敢禁。倫到官，移書縣屬，曉告百姓，其巫祝有依託鬼神，詐怖愚民，皆案論之，有妄屠牛者，吏輒行罰。民初頗恐懼，或祝詛妄言，倫案之愈急，後遂斷絕，百姓以安。」世俗「破家盡業以充死棺，殺人以殉葬」、「竭財以事神，空家以送終」（〈薄葬篇〉）專意祭神祀鬼，不顧生人的風尚，促使王充發出薄葬之議。王充深切體認到，僅從表層批判厚葬淫祀，仍不足以達到移風易俗的目的，必須從世人認爲「死人爲鬼，有知，能害人」的心理層面批判起，才能畢竟成功。墨家論薄葬不能成功，肇因於「論死不悉」（〈薄葬篇〉）的結果；王充《論衡》有〈論死〉、〈死僞〉之篇，就是從厚葬淫祀的理論根據批判起（註四十三）。王充批判奢靡的社會風氣，主要見於〈論死〉、〈死僞〉、〈紀妖〉〈訂鬼〉、〈言毒〉、〈薄葬〉、〈祀義〉、〈祭意〉等篇。

(二)、迷信禁忌

漢代禁忌名目繁多，僅從《論衡》中，就可歸納出三十一種忌諱，這些禁忌有顧慮時間者，有顧慮方位者，也有顧慮鬼神者（註四十四）；眾多的禁忌，對人民的生活產生極大的拘束。王充肯定某些禁忌具有「勸人爲善，使人重慎」（〈四諱篇〉）的教化功能；但對於「有空諱之言，無實凶之效」（〈四諱篇〉）的忌諱則大加撻伐；且認爲利用世俗禁忌，來從事「占射禍祟者，皆不可信用。」（〈辨祟篇〉）有關迷信忌諱的批判，主要見於〈四諱〉、〈讕時〉、〈譏日〉、

註四十三：〈對作篇〉：「今著〈論死〉、〈死僞〉之篇，明死無知，不能爲鬼。冀觀覽者將一曉解，約葬更爲節儉。」

註四十四：參考李偉泰《漢初學術及王充論衡述論稿》，頁一三八—一四二。

〈卜筮〉、〈辨祟〉、〈歲難〉、〈詰術〉、〈解除〉等篇。

(三)、神仙思想

黃老之學在漢初半個多世紀，曾暫居領導的地位。自漢武帝以後，物富民豐，國力漸強，再加上儒家勢力的抬頭，黃老之學因此逐步走向衰落。然神仙方術之家，卻繼續將黃帝、老子加以神化，宣揚修道成仙的迷信觀念。西漢武帝受方士的欺騙，喜歡祀神求仙，從《史記》、《漢書》中，我們可以發現武帝被蠱惑的相關記載。至東漢，社會上仍然充斥著修道成仙的傳說；今傳劉向撰《列仙傳》，近人認為係東漢方士托名劉向所作，全書記載上古三代至秦、漢之神仙共七十二人（註四十五），可見當時神仙思想的盛況。對於神仙思想的批判，主要見於〈道虛〉。

五、天文知識

漢代雖然是我國古代天文學發展的黃金時代，然因天人感應思想過度的涉入天文科學中，使

註四十五：參考《中華神仙傳記文獻初編》，第一冊，頁二。臺北：幼捷出版社。

得天文學家對天文的解釋，往往不依純粹觀察的資料來推論，反而昧於事實，比附天人感應的說法，使得天文學成為天人感應說的幫傭，扭曲天文學發展的方向。（註四十六）王充擇取當時部分的天文議題，做為批判的對象；尤其是儒者對天文星象的詮解，更是王充主要批判的對象。有關天文知識的批判，大多見於〈談天〉、〈說日〉二篇。

第四節　歷來相關論題研究摘述

探討「王充批判方法運用」的相關論題，難免會涉及《論衡》一書中，有關知識論、認識論或方法論的研究。本文蒐集近幾年來相關的學術著作，探討近人的研究成果，現僅將蒐集到的資料，概略的分論其內容如（附錄二）。依據附錄二所見，約可將王充的批判方法，歸納成以下四個要點來論述：一、是經驗實證，王充以觀察所得、常識、科學知識、歷史事實或可靠的文獻記

註四十六：參考拙著《西漢天人思想於天文學中的體現與影響》，《輔大中研所學刊》，第八期，中華民國八十七年九月出版。

載等較客觀的事實爲論據，將虛妄說與論據做比對核驗，以論證失實的理論，如李偉泰《漢初學術及王充論衡述論稿》；二、是心意推論，推論的具體方式又可分爲歸納的、演繹的、類比的、譬喻的，如謝朝清《王充治學方法研究》；三、是從邏輯思維的謬誤批判，如林麗雪《王充》；四、語言上的批判，如徐道鄰〈王充論〉。除此，王充批判的角度，亦多方涉及理論建構者的動機、目的、心理因素，理論在某一時空的適用性等，如潘清芳《王充研究》就是做這一方面的分析。

如歸納所見，有關王充立論方法的研究上，學者的研究方向有以下數端：一、是分析王充在方法論上的獨特之處，如孫中原《詭辯與邏輯名篇欣賞》、汪奠基《中國邏輯思想史・王充的邏輯思想》；二、是以當代在邏輯形式的研究成果，來觀察王充在方法運用上的表現，如謝朝清的〈王充治學方法研究〉；三、是直接由材料入手，分析王充每一例證的方法運用，如楊榮偉〈王充論衡書虛篇、變虛篇、異虛篇引例析論〉；四、是附屬於某一思想領域的方法運用研究，如朱麗秀《王充形神思想研究》；五、是以整部《論衡》爲材料，做綱要式的略論，如徐道鄰〈王充論〉及諸哲學史中，研究王充的篇章。

從近年來學者的研究成果與趨勢來看，個人認爲此一論題仍有繼續深入研究的空間。例如實證的運用，又可區分爲那些運用方式？類比法是中國古代邏輯思維的特色，在應用上是否可再區分成不同的形式？學者的研究或止於提示性的泛論；或方法的探討僅是某一思想研究的附屬品，所以綜輯前說，對王充的批判方法做全面的考察，並將方法的研究列爲第一優先的對象，也是一件重要的工作。徐道鄰先生曾經評論，在思想方式及學術氣息上，中國古代的思想家中，再沒有人比王充和現代人更接近了。因此以王充在方法上的運用實例來研究是一個方向；以現代的思維規則來觀察王充的批判方法，也是不容忽視的研究途徑。除此，對於王充的批判方法，是否能再發現更具開創性的觀點，使人們重新檢視這位東漢哲學家的智慧，也是我們應該共同努力的，畢竟學術的探尋逐步深化，永遠沒有止於至善的時候。如以上所論，正是本書可著力發揮之處。

附錄一：

（一）、肯定者

1、葛洪《枹朴子》：「王充好論說，始詭異，終有理。」（黃暉《論衡校釋・附編三》，頁一二三六）

2、傅嚴明天啓本〈論衡序〉：「仲任理醇辭辨，成一家之言。不倚時尚，不任意氣，覽之悠然，歸於偶然。」（黃暉《論衡校釋・附編六》），頁一三五三）

3、乾隆〈四庫全書讀王充《論衡》〉曰：「向偶翻閱諸書，見有王充《論衡》，喜其博識而言辯，頗具出俗之識。」引自《景印文淵閣四庫全書子部一六八雜家類》頁八六二—一臺北：臺灣商務印書館）

4、章士釗〈答張九如書〉：「〈實知〉、〈知實〉二首，開東方邏輯之宗，尤未宜忽。」（黃暉《論衡校釋・附編三》，頁一二五九）

5、梁啓超〈莫伯驥五十萬卷樓群書跋文引〉曰：「《論衡》爲漢代批評哲學第一奇書。」

6、孫人和《論衡舉正・自序》：「仲任生當兩漢之交，匡正謬傳，暢通鬱結，九虛三增，啓蒙矽俗，〈自然〉所論，頗識道原。……其遠知卓識，精深博雅，自漢以來，未之有也。」（孫人和《論衡舉正》，頁一，上海：古籍出版社，一九九〇年六月第一次印刷）

7、胡適〈王充的論衡〉：「王充的哲學動機，只是對於當時種種虛妄和種種迷信的反抗；王充的哲學方法，只是當時科學精神的表現。」）

胡適：「《論衡》的精神只在「訂其真僞，辨其虛實。」八個字。所以我說王充的哲學是批評的哲學。他的精神只是一種評判的精神。」（黃暉《論衡校釋‧附編四》，頁一二八五

8、徐道鄰〈王充論〉：「他在思想史上的重要地位，是無人能否認的。尤其是從現代學術的立場來看，中國過去的思想家，在思想方式上，在學術氣息上，再沒有人比他和現代人更爲接近的了。說得誇張一點，簡直可以說他是一千九百年前的一位『邏輯實證家』」《東海學報》，第三卷，第一期，頁一九七－二一一）

9、萬國安：「王充以爲論事必求實，必有驗，這種實證的精神和懷疑的態度，直到現在還是做學問的人所必備的。而其不畏權威，不屈的傳統，勇於批評，勇於探求的自由開放的思想，更是封建社會的鳳毛麟角。」（《臺東師專學報》，第一期，〈王充虛妄論之研究〉頁四九）

(二)、否定者有：

1、呂南公〈題王充《論衡》後〉：「夫飾小辯以驚俗，充之二十多萬言，既自不足多道。」（黃暉《論衡校釋・附編三》，頁一二四二）

2、黃震《黃氏日鈔》：「惜其初心發於怨憤，持論至於過激，失理之平，正與自名《論衡》之意相背耳。」（黃暉《論衡校釋・附編三》，頁一二四三）

3、紀昀曰：「其言多激，奮其筆端，以聖賢相軋，可謂誖矣！又露才揚己，好爲物先。至於述其祖、父頑狠以自表所長，亦甚焉！」（《四庫提要》卷一百二十 自部 雜家四）

4、張惠言〈大雲山房集讀《論衡》〉：「鄙冗，無理致。」

5、王鳴盛《十七史商榷》：「摭拾謏聞，郢書燕說。」（《十七史商榷・風俗通》，卷三十六，頁二二三，臺北：廣文書局，民國六十年五月再版。）

6、胡應麟：「其偏愎自是，放言不倫，稍不留心，上聖大賢，咸在訶斥。」（少室山房筆叢）

7、柳詒徵：「《論衡》專事詆諆，僅足以供游談之助。」（柳著《中國文化史》，頁三二七，上海：東方出版中心，一九九六年二月一版第三次印刷。）

8、徐復觀對於王充運用方法的批評：「對同一災異問題，正反兩面都用的是同一的方法，這並不是由那一方面用得高明或不高明，而是由於此一方法的自身，因不能建立確定的大前提，因而也不能建立確實的推理關係，換言之，方法的本身即是混亂。」（徐復觀《兩漢思想史》，頁六〇〇，臺北：臺灣學生書局，一九九三年初版五刷。）

附錄二：

(一)、書籍類

1、陳叔良《王充的思想體系》，第五章　方法論，頁一四三—一五六，臺北：臺灣商務印書館。

本章分成三節論述。第一節、考之以心；第二節、效之以事；第三節、運用之妙。作者歸納王充求得真知的方法歷程，依次是學問、心詮、效驗；並認同王充具有「疑問、假設、證據」(原為胡適所提出)的求真態度。如何用心意來考事理？本章舉出「見微知著」、「睹色觀心」、「原理睹狀」、「以意臆之」等方法，且有較深入的探討。作者認為王充所謂的「效之以事」，是指〝拿出證據〞來證明心意詮定的結果為真或為假。第三節運用之妙，指方法運用上具靈活性，是王充在方法運用上的特色。本章屬大綱式的論述，相當肯定王充的思維過程。

2、林麗雪《王充》第五章　王充的立論方法和邏輯思想的特色，頁一五九—二〇三，臺北：東大圖書公司出版。

本章列舉王充論證的方法，具有以下九大特色：一、章法謹嚴，篇以類聚；二、以事效與論證共定實虛；三、以類推度未知；四、以比對顯真偽；五、以名分符事實；六、以俗論駁俗論；

七、以可靠文獻斥虛妄；八、以世界解釋世界；九、以心辯代口辯。作者試圖將王充的立論方法與邏輯思想特色，和先秦諸子的邏輯思想做縱貫的聯繫。其中提出王充"以世界解釋世界"的方法，意為排除其他超自然的力量，就世界本身的情（心理因素）、理（自然條件）來解說世界，這是其他學者所未談及的獨見。唯本章對於王充立論中實際的推論形式較少著墨。

3、**陳麗桂《中國歷代思想家三・王充》貳、六、效驗的知識論。頁五五－五九，臺北：臺灣商務印書館。**

內容強調王充實證的方法，讚譽王充具有科學求真的精神，並能利用自己的方法，充實自己的學說。說他是「一位最用心運用自己理論的人。」

4、**謝朝清《王充治學方法研究》**第六章　王充之批評方法，頁一四一－一六八，臺北：文津出版社出版。

對於王充的批評方法，全文列舉：一、類比法；二、演繹法；三、歸納法；四、典證法；五、譬喻法；六、矛盾法。本章內容對於王充的推理形式，有較精闢的分析。雖然這些推理形式是王充所未言及的，但從分析王充在實踐的過程中所運用的方法，諸多暗合邏輯的形式。作者於文末說：「仲任之批評方法，大略如上所述。然其批評是否周密，姑且不論。本文僅偏於其批評形式而已。」作者自覺本文還有不足的地方，那就是對王充批評的方法的適當與否，未深入探討。對於王充的批判方法，作者偏重於推理形式的研究，並未做全面的探討。

5、陳正雄《王充學術思想評述》第八章、第三節、治學方法，頁二五〇—二五四，臺北：文津出版社。

以探討王充的實證方法爲主。不過在有限的篇幅中，就下定論說：「這種實證科學和美國教育家杜威的實驗主義，法國社會學家孔德的實證哲學，完全相同。」「王充的實證，總是透過仔細觀察，用心思考，求其證驗，以獲結果，和今天科學方法疑問、假設、求證完全相同。」似乎言過其實，犯了急於推廣的謬誤。本篇亦屬泛論性質，對王充方法的運用，未深入研究。

6、李偉泰《漢初學術及王充論衡述論稿》柒、論衡對漢代禁忌的記載與批評。捌、論衡對文獻記載的考辯，頁一三七—一八九。臺北：長安出版社。

對王充的批評方法提出以下幾個要點：(一)、以古駁今；(二)、反證；(三)、以子之矛攻子之盾；(四)、方便立說層層設問；(五)、以可靠文獻駁虛妄之說；(六)、藉異說對質指出矛盾的所在；(七)以後代史實推證古史；(八)、以觀察所得的知識駁虛妄之說；(九)、藉推理來判定文獻記載是否可信。作者對王充論據的考證精詳，對王充考證文獻的方法有深入的研究。然僅就文獻與禁忌兩方面來歸納方法，讀者未能窺得王充批判方法的全貌。

7、汪奠基《中國邏輯思想史》第二篇、第八章、四、王充的邏輯思想，頁二五五—二六七，臺北：明文書局。

全面探討王充的邏輯思想，重點有四項：一、"效驗"與"證驗"的方法思想；二、論"貴是“與”正是“的邏輯認識；三、有關概念種類方面的分析；四、對非邏輯思想的批判。其中提出王充論”貴是“與”正是“的邏輯認識，是其他學者較少論及的命題。王充的”貴是“是主張要用客觀真實的前提來論斷。”正是“是指判斷之是。就是要「透過正確的思維，對事物做出然否判斷。」讚譽王充建立經驗有效的類推方法，由淺而高深，由簡明而精察，原始見終，俱以實證爲主，這就是他的科學論證精神。

8、孫中原著《詭辯與邏輯名篇賞析》第二篇、七權衡真假一杆稱—王充的論證邏輯，頁一八三—一九五，臺北：水牛出版社。

本文評述王充應用類比、歸納、演繹等各種推理形式，及引用個別的事實來論證一般的論題。除此，王充論證最具特色的是表現在歸謬法的運用與歸謬式的類比推理上。王充對於論證規則的認知，可歸納成兩點：一、是論題要明確清礎，不能隱蔽旨意，論旨不明。二、是論題要保持同一，不能應對失旨，轉移論題。孫氏約略指出王充論證方法的特色。

9、胡適手稿本《中國中古思想小史》第六講　王充，頁五三—六〇，臺北：胡適紀念館印行，民國五十四年四月出版。

王充具有科學精神，他的批判受當時講求實證方法的影響，所以立論處處注重證據，於論述中常常反問「何以驗之？」「何以效之？」此篇本是胡適先生教學講授的底稿，內容僅是綱要式的撰寫，不過亦能適切的指出王充在方法上講求實證的特色。

10、馮友蘭《中國哲學史》（增訂本）；第二篇；第四章、古文經學與揚雄、王充；(4)、方法論，頁五九五－五九六。

王充以感官察覺的事實爲根據，並以心意詮定。王充之方法論，實有科學之精神。案此章內容，對於王充的方法論僅舉其綱要，並未做深入的探究。

11、徐復觀《兩漢思想史》王充論考。七、王充所運用的方法問題，頁五九七－六〇八，臺北：臺灣學生書局出版

肯定王充在方法上，結合心志思考與客觀事物的證驗。批評王充不能堅持經驗主義，在處理歷史的因果關係時過分的簡單化。在推論的方法上，王充過度的使用類推法，做異類間的推衍。在駁斥天人感應的課題上，王充所運用的類推法並不比敵論健全，故王充在方法的運用上「有時是混亂拙劣的」。徐復觀先生對於王充在方法的運用上責難多於讚揚，本節屬概述的性質，且過度的圍繞在類推法上打轉，對王充實際的方法運用，並未做全面的觀察。

12、任繼愈主編《中國哲學發展史．秦漢》王充的批判哲學 五、王充思想方法的經驗教訓，頁五三五－五三六。

將王充講效驗的方法分析成三方面論述。一、是實地考察事情的原委弄清真象，即所謂「須任耳目，以定情實。」二，是用歷史與科學知識及生活常識去推斷有待證明的傳聞、傳記，即引事物驗其言行。三、對於流行的論說要加以問難，看其是否「上下相違」，「前後相伐」，這是

證定是非的重要方法。本文稱王充的思想方法主要是經驗主義。

13、勞思光《新編中國哲學史(二)》第一章 漢代哲學(H)(三)王充之思想(a)態度與方法，頁一二六—一二七。

勞思光指出王充批判虛妄的方法，乃常識之方法，即訴諸效驗及實證。然人們所舉的效與證是否為事實或可信，王充強調需要靠耳目與心意來進一步檢證。勞思光評王充侷限於以"得實"與"失實"來評斷是非，未涉及必然、應然的問題。如果原論者的立論是著眼於必然或應然的問題，那麼王充以實然的立場來批判，將使牛頭不對馬嘴，立論者與批判者間不能產生交集。此章雖屬略論的性質，然短短數語中，亦頗能道出王充在立論上的侷限。

14、王邦雄等編著《中國哲學史》第十三章 漢代思想的兩種發展：揚雄與王充 第三節 王充的疾虛妄，頁二九五—三〇一。

王充秉承了楊雄的尚智精神，發為更強烈，更普遍的批評態度。《論衡》批判虛妄說，是建立在求真實的標準上來論斷是非。凡與事實不符的便是虛假。在《論衡》一書中，這種與事實不符的情況，又可分成三種。一、是與感覺經驗不符；二、是與常識不符；三、是與理性不符。本書批評王充在類推法的運用上有許多怪異的推論，如將類推用成擬人化；且將批判的精神過度的擴張，如以自然現象的結論批判社會現象，以文辭需精確的"符合事實"，來批判文學上的誇飾。

(二)、論文期刊：

1、徐道鄰〈王充論〉，《東海學報》，三卷一期，頁一九九－二一九。

作者列舉王充邏輯思考和語意意識的特色有以下數端：一、具有高度的一致性；二、對於字義辨別最爲出色；三、王充的心理學；四、批駁虛妄說的方法（一）、利用常識；（二）、對事實與傳說的心理解釋；（三）、以歷史知識糾正謬說；（四）、以語意學的想法來解釋疑說。過去的學者，對於王充的歷史評價不一。本文的論旨，在重新定位王充學術的地位，並突顯王充《論衡》的特色。如果拋開王充具體的思想內容，就知識論的角度來觀察，王充確有其特色。本文雖屬泛論，但其觀點頗具開創性，極具價值，研究王充的學者常引用其中的觀點。

2、林俊宏〈論衡的思想研究〉貳、疾虛妄的觀念方析《鵝湖月刊》，二〇一卷，第五期，總號第二三三。

本文以後現代主義解構的觀點，重新詮釋王充的知識論頗具啓發性。作者云：「解構的目的是在於進行既有結構的疏離，這種疏離的目的是爲了能夠重新建立一種比較客觀的知識。」"疾虛妄"可說是解構的工作，不過作者進一步認爲「破與立的過程和功用是一致的」破與立是同時並進的。王充所立的是：一、經驗主義的知識論；二、古今不異的歷史觀；三、自然主義的批判方法論。

3、楊榮偉〈王充論衡書虛篇、變虛篇、異虛篇引例析論〉，《雲林工專學報》，第五期，頁五三三—五四六。

作者分析〈書虛〉、〈變虛〉、〈異虛〉的事例，並一一提出自己的觀點。就方法的論析上，可歸納以下數端：一、類比；二、依數字提出類證或反證；三、常識論；四、命定論；五、類比歷史事蹟；六、論據法；七、訴諸權威；八、邏輯語言分析；九、仇恩對象不對；十、歸謬法。從每一例證著手分析，雖然較混雜，但直接觀察王充實際論證的材料，卻可得出其他學者所忽略之處。如指出王充以"數據證明"或"仇恩對象不對"等運用常識的批判，這些都是作者獨到的見解。

4、傅堅〈王充的效驗論證法試析〉，《華南師範大學學報》（社會科學版），一九九一年，第三期，頁三八—四三。

本文從「實事疾妄」、「事莫明於有效，論莫定於有證」、「考之以心，效之以事」等三個方面來分析說明效驗論證法的主要內容和特點，效驗的意義是以事實或實際效果去進行檢驗和證明，它包括了事實證明和事理證明。「實事疾妄」是效驗法的顯著特點，「事莫明於有效，論莫定于有證」是效驗法的理論基礎，「考之於心，效之以事」是效驗法的主要內容，也是王充的邏輯思想最具特色的地方。王充並未立"效驗法"一辭，作者企圖以"效驗法"來統括王充的邏輯思想，就作者對效驗法詮解來看，其內容實離不開事實的檢證和推論。

(三)、博碩士學位論文：

1、田臺鳳《王充思想研究》第三章、第一節、三、王充批評方法，頁二〇四－二〇六，國立政治大學中國文學研究所碩士論文，指導教授 于大成，民國六十四年五月。

對於王充的批判方法提出三個要點，一、以類推證結果；二、以目及證抽象；三、以常情測非常情。本書所提出的方法以類推爲主，並指出王充推論過程中所出現的謬誤。評王充類推的「對象錯誤，言論矛盾，方法粗疏。」本節屬於泛論性質，作者對王充的方法運用，並未做更深入分析研究。

2、潘清芳《王充研究》第二章；第四節、王充之認知方法；第五節 王充測定真妄之方法，頁五三－六六，國立臺灣師範大學研究所碩士論文，指導 戴璉璋教授，中華民國六十六年四月。

在認知方法方面，作者認爲主要有四種：一、觀察法；二、調察法(實地調查、口頭訪問)；三、實驗法；四、推理法。測定真僞的方法有：一、或從史實著眼(考諸史書察其前後而判其虛實；考諸史書衡以常理而判虛實；考諸史書推尋當時之禮制以判其虛實)；二、或從經傳上著眼；三、或從學說上著眼；四、或從人情常理上著眼；五、或從時地上著眼；六、或從動機上著眼；七、或從心理上著眼；八、或從譬喻上著眼；九、或從語文上著眼。作者對於王充在觀察、調察、實驗、推理等方法的運用持肯定的態度；對於王充在推理過程中，所出現的謬誤也能夠做同情的了解，畢竟王充所處的時代，在方法學的成就上，與今天不可同日而語。

3、朱麗秀《王充形神思想研究》第五章　王充論證形神的方法與態度，頁八七—一〇一，中國文化大學哲學研究所碩士論文，指導　黎惟東教授，中華民國八十五年六月

王充對於形神論的方法運用，作者共列舉了觀察法、比喻法、類比法、演繹法、歸納法等例證。本章是由《論衡》一書中，與形神有關的篇章歸納而成，對王充方法的運用，並未做全面的觀察。

第二章　引用事實核驗的批判方法

經驗論者以爲一切的真知識都是與客觀對象有一種符合，此一客觀的對象，所指的可能是外在於自己之自然物、他人或人類社會等具體存在之事物(註一)。而所謂的事實就是這種「爲一般人接受的真實敘述」(註二)。所以敘述是否真實？得之於敘述的內容與客觀對象是否吻合。事實是真知識，知識體系的建立則需要更多的事實來支撐；反過來說，對於理論體系的批判亦可從事實著眼，來看對方思想是否合乎事實。不合事實的說法就是虛假的。就運用的方式來說，可指出批判對象根據的事例不實(註三)，或另外尋找與批判對象相左的事例來批判敵論之謬誤。(註四)

註一：參考唐君毅《哲學概論》，頁六一三—六二〇，臺北：臺灣學生書局：民國七十四年十月全集校訂版。

註二：引自簡文吉〈論歷史與歷史解釋〉，頁一六四，《中正嶺學術研究集刊》。

註三：論據不真實，在邏輯上犯了虛假論據的錯誤。故只要能證明敵論的論據不真實，即可有效的駁倒對方的理論。（參考朱志凱《邏輯與方法》，頁二〇三，北京：人民出版社，一九九六年第一版二刷。）

註四：參考任卓宣《思想方法論》，頁三九九。

王充以講求實事者自居。（註五）主張立論必須「有所據狀」，他常反問敵論「何據見哉？」（〈卜筮篇〉）、「執據何義？」（〈四諱篇〉）所以”事實“是王充立論的重要依據。他曾評論：「道家論自然，不知引物事以驗其言行，故自然之說未見信也。」（〈自然篇〉）譏諷世俗之人「原事不實」（〈辨祟篇〉）。對於具體事物的客觀感知，進而做真實的描述，就是事物之實，所以”引物事“就是引用事實，藉由事實來立論，才能取信於人。王充主張立論不可違背事實（註六），同時他駁論虛妄的觀念也利用事實來檢核，如不能通過「實事考驗」（註七）的理論，就是不實的虛說。如何運用事實？王充說「事有證驗，以效實然。」（〈知實篇〉）、「事效考其言」（〈答佞篇〉）、「實核事理」（〈四諱篇〉）、「核道實之事」（〈對作篇〉）「考實核根」（〈正說篇〉），簡單的說就是撿擇事實來核驗的功夫。事實是對照的標準，符合則爲實誠之論，不合則爲虛妄之說。然獲得事實的方法有兩種：一種是人們自己知道的，稱之爲經驗事實，這些都是直接經驗得來的；另一項稱之爲同意事實，這些事是他人告訴的，而且能得到人們的相信。王充的引論兼含以上兩種事實，且以耳目所見的—感官經驗；世所共聞見的—常識（註八）；聖賢與

註五：〈雷虛篇〉曰：「謂之神龍升天，實事者謂之不然。」

註六：〈知實篇〉云：「凡論事者，違實不引效驗，則雖甘義繁說，眾不見信。」

註七：王充指責孟子「論不實事考驗，信浮淫之語。」（〈刺孟篇〉）。

註八：〈骨相篇〉：「世所共聞，儒者共說，在經傳者，較著可信。……以尺書所載，世所共見；准況古

史官論著的｜權威性，來保證事例的真實性與客觀性。以下各節將分析王充如何引用〞事實〝以考驗〞虛浮之事〝。

第一節 以觀察、訪問的事實核驗

觀察法是人們運用感官，對自然現象在自然發生條件下，進行考察的一種研究方法。它是人類獲得經驗的最原始，也是最基本的方法。觀察事物除了在自然條件下觀察外，人們為了確保觀察的有效性，避免不相干因素影響觀察的結果，於是設計實驗，控制觀察的變因，此種觀察可稱為〞人為的觀察〝，前者可稱為〞自然的觀察〝。(註九)王充於〈實知篇〉中強調運用耳目在認知上的重要性，他說：「實者，聖賢不能性知，須任耳目以定情實。」運用耳目觀察是得到事物真實情態的保證。然而由於時空的限制，並不是任何事物都能夠親自用感官來察知；對於無法親知的事實，則需藉著訪問他人，吸納別人的經驗，來彌補自己的不足。「不目見口問，不能盡知今，不聞者必眾多非一，皆有其實。」

註九：任卓宣說：「實驗是人為的觀察，原來的觀察則是自然的觀察。」《思想方法論》，頁一四六。

也。」（〈實知篇〉）目見與口問同是追求事實的兩大法寶；不過「聞不如見」（〈案書〉）親自的眼見觀察，比耳聞來得真實可靠。

一、自然觀察法

例一：雷本自然天象，然世俗卻認為盛夏時節，雷電擊殺人，是因為被擊殺的人暗地裡有罪過，於是天發怒擊殺他。王充對雷能發怒擊殺人的說法，做了以下的批判：

> 何以驗之？雷者，火也。以人中雷而死，即詢其身，中頭則鬚髮燒燋，中身則皮膚灼焚，臨其尸上聞火氣，一驗也。⋯⋯當雷之時，電光時見，大若火之耀，四驗也。當雷之擊時，或燔人室屋及地草木，五驗也。夫論雷之為火，有五驗；言雷為天怒，無一效。然則雷為天怒，虛妄之言。（〈雷虛篇〉）

王充檢視被雷擊的景象。用眼睛觀察，則發現雷擊時有火光出現，被雷擊的人身體焦黑，被雷擊中的房舍草木，起火燃燒；用鼻子聞嗅，則聞到燒焦味。這些現象與被火燃燒的現象一樣，故可推論「雷為火」的結論。火燄本身是無生物體，當然不會有情緒的表現，所以雷為天怒是虛妄的言論。王充以實事證明「雷為火」是真；再以火無喜怒，推論「雷為天怒」是假。

例二：在〈說日篇〉中，王充記載儒家學者對於太陽出沒地點的看法，他們認為太陽早晨是從陰氣中升起，日落又回到陰氣中，陰氣昏暗，所以隱沒不見。王充實際觀察太陽的出沒，提出以下的批判：

夫觀冬日之出入，朝出東南，暮入西南。東南、西南非陰，何故謂之出入陰中。（〈說日篇〉）

陰陽五行家認為北方屬陰，陰氣較盛，故「出陰中」是指晨曦時，太陽繞過北方的陰氣中升起。「入陰中」之義是黃昏時，太陽沒入北方的陰氣中。漢儒大多占染陰陽家的習氣，慣以哲學的思維來解釋自然現象。王充採用科學實證，利用冬季觀察日出日落的實際位置，發現太陽是由東南邊升起，西南邊落下，藉以反駁儒者荒謬不實的說法。

例三：傳書言：「倉頡作書，天雨粟、鬼夜哭。」世人以為這是人感動天的神蹟，王充則舉例證明「天雨粟」並無神奇之處，他說：

> 建武三十一年中，陳留雨穀，穀下蔽地。案視穀形，若桼而黑（註十），有似於稗實也。此或時夷狄之地，生出此穀。夷狄不粒食，此穀生於草野之中，成熟垂委於地，遭疾風暴起，吹揚與之俱飛，風衰穀集，墜於中國。中國見之，謂之天雨穀。（〈感虛篇〉）

建武三十一年陳留雨穀，王充時年二十九歲，親逢此事。（註十一）王充實地考察穀粒的形狀若桼似稗，非中原地區耕種的穀物；推測這些穀物是生長於夷狄草野之中，由於遭暴風吹起，墜落於中國，所以"天雨穀"是自然的現象，並無神奇之處，不應將天雨穀視爲異常災害。

二、人爲觀察法(實驗法)

例四：漢儒對於太陽運行於天空中，太陽與地面距離的改變情形，提出兩種假說。一說以爲「旦暮日出入爲近，日中爲遠。」另一說主張「日中爲近，日出爲遠。」且二家各提出證實的方法，

註十：原文「若茨而黑」。孫人和注曰：「案類聚八十五，引茨作桼是也。」（見《論衡舉正》，頁二〇）今依孫氏說法校改。

註十一：參考黃暉《論衡校釋附編三・王充年譜》。

主張第一種說法的學者，利用視覺所得到的經驗事實為推論的基礎。王充如此記載：「其以日出入為近，日中為遠者，見日出入時大，日中時小也。察物近則大，遠則小，故日出為近，日中為遠也。」主張第二種立論者，則利用觸覺所得到的經驗為推論的基礎，王充記載說：「其以日出入為遠，日中時為近者，見日中時溫，日出時寒也。夫火光近則溫，遠人則寒，故以日中為近，日出為遠也。」兩家說法各有見地，很難斷定孰是孰非。面對此一難題，王充則以更高明的實驗法，來進一步證實第二種說法，否證第一種說法，王充的立論如下：

如實論之，日中近而日出入遠，何以驗之？以植竿於屋下，夫屋高三丈，竿於屋棟之下，正而樹之，上扣棟，下抵地，是以屋棟去地三丈。如旁邪倚之，則竿末旁跌，不得扣棟，是為去地過三丈也。日中時，日正在天上，猶竿之正樹，去地三丈也。日出入，邪在人旁，猶竿之旁跌，去地過三丈也。夫如是日中為近，出入為遠，可知明矣。（〈說日篇〉）

我們可將王充的實驗過程整理如下：

假　設：日中近而日出入遠。

實驗器材：三丈長之竹竿一支、屋棟離地三丈之房屋一間。

實驗過程：將三丈的竹竿正立，上連接屋棟，下抵地。竿尾(抵地處)不動，移動竹竿的竿頭(接屋棟處)，觀察竿頭與屋棟的距離變化。

實驗結果：竹竿正立時，地面(從竿尾處算起)與屋棟的距離剛好三丈；竹竿斜倚時，地面（從竿尾處算起）與屋棟的距離超過三丈。

推論證明：房屋內的屋棟與地面的關係，類似天空與地面觀察者的縮小模型。在屋內竹竿斜倚時，地面與屋棟的距離，大於竹竿正立時屋棟與地面的距離；依此類推，觀察者與其斜角天空位置的距離，大於觀察者與其頭頂天空位置的距離。所以證明「日中近，日出入遠。」是正確的說法。

王充的結論「日中近，日出入爲遠。」就今日的知識來看是正確的，「當日、月在地平線上時，與觀測者相隔，因爲多一地球半徑的距離，比其在天頂遠。」（註十二）王充所描述的過程，與現代科學實驗的方法並無多大的差別；藉控制變因的方法來觀察，可以有效的降低其它非觀察因素的干擾。依據此例，王充是以更精確的人爲觀察法爲基礎的推論，來批判以自然觀察法爲基礎的理論。不過王充的實驗設計仍有些缺失，如未能將應變變因數據化，縮小模型中沒有太陽的蹤跡，且模型中預設天平、地平不符合實際的情況。

註十二：引自李約瑟《中國之科學與文明》，第五冊，頁七八，臺灣商務出版社，民國六十四年一月初版。

例五：世俗認爲，雷電迅疾，隆隆的聲音，是天怒的聲音。王充批判說：

> 盛夏之時，太陽用事，陰氣乘之。陰陽分事，則相校軫；較軫則激射。激射為毒，中人輒死，中木木折，中屋屋壞。人在木下屋間，偶中而死矣。何以驗之？試以一斗水灌冶鑄之火，氣激襞裂，若雷之音矣。或近之，必灼人體。天地為鑪大矣，陽氣為火猛矣，雲雨為水多矣。分爭激射，安得不迅？中傷人身，安得不死？（〈雷虛篇〉）

整理上述的實驗過程：

假　設：激射發出雷聲，是因爲陰氣(雲雨中的水氣)、陽氣(太陽用事所產生的火氣)相纏繞的結果。

實驗器材：一斗水、一冶鍊用火爐、燃煤。

實驗過程：將火爐加熱至最高溫，以一斗水急速灌注火燄。

實驗結果：氣激射襞裂，發出若雷的聲音；在旁之人亦遭灼傷。

驗證假設：火爐猶如天地，火燄猶如陽氣，斗水猶如陰氣。水火瞬間相合，產生激射的水氣，並發出如雷的聲音且灼傷旁人；以此類推，陰氣、陽氣相纏繞，會發出雷聲且產生激射傷人。

王充經由實驗證實，雷聲不是天的發怒聲，而是自然界中陰氣、陽氣相校軫的結果。既然雷聲是自然的現象，那麼"雷聲是天怒聲"是虛妄不實的說法就不言而喻了。對於雷電的產生，道家較能以自然的角度來觀察。漢初的著作《淮南子·天文訓》云：「陰陽相薄，感而爲雷。」在人們尚未有陽電、陰電的知識以前，這是對雷電產生的最好解釋。淮南子或王充的說法，能夠超越世俗的觀念。這般的成就，除了歸功於道家對自然的態度外，我們更不能抹滅，王充運用更精確的方法，也是成功的因素之一。

三、訪問

例六：自戰國以來，鄒衍大九州的言論，迷惑世人。東漢時所流傳下來的鄒衍書上言「天下有九州，禹貢九州，所謂一州也，若禹貢以上者九焉。禹貢九州，方今天下九州也，在東南隅，名曰赤縣神州。」王充反對禹貢九州位在天下東南邊的看法，現將其論證引述如下：

如方今天下，在地東南，視極當在西北。今極正在北（註十三），今天下在極南也。以極言之，不在東南，鄒衍之言非也。如在東南近日所出，日如出時，其光宜大。今從東海上察日，及從流沙之地視日，小大同也。相去萬里，小大不變，方今天下，得地之廣，少矣。雒陽九州之中也，從雒陽北顧，極正在北，東海之上，去雒陽三千里，視極亦在北，推此以度，從流沙之地，視極亦必在北焉。東海、流沙，九州東、西之際也，相去萬里，視極猶在北者；地小居狹，未能辟離極也。日南之郡，去雒且萬里，徙民還者，問之，言日中之時，所居之地，未能在日南也，度之復南萬里，日在日南之南（註十四），是則去雒陽二萬，乃為日南也。（〈談天篇〉）

為了駁斥鄒衍不實的言論，王充實地觀察中國各地方北極星的位置，及太陽的亮度、位置，從而認定中國是在大九州的南面，否定了中國在大九州東南面的說法。從原文的引述，知王充曾到東

註十三：原文「今正在北方」。劉盼遂注云：「正上當有極字；下文從雒陽北顧，極正在北。皆足爲此句脫極字之證。」今依劉氏注文校改。

註十四：原文「日在日之南」。劉盼遂引吳承仕注文云：「日在日之南，文不成義；當作日在日南之南，各本並奪一南字。」依吳氏的說法語意較明，今從之。

海及雒陽實地考察；然王充未曾到過日南之郡，日南之郡的實際狀況，則是訪問日南之郡的移民得知。至於流沙之地天象的情況，是以類推得知，雖然不妥，但也是不得已的權宜之計；因為考察王充一生的行腳，曾經佇足東海、洛陽，但從位到過西方的流沙之地。（註十五）

觀察法是科學研究的最基本方法，然對於廣大的自然空間，僅藉著自然觀察所得到的事實，仍不足以說明自然界的實情。所以王充除了運用觀察法外，還佐以實驗法及實地的觀察訪問，來考證自然的真實情況。王充對宇宙萬象的認知，實得益於方法之助；在實際的方法運用上，王充以"觀察的結果"來批判經由"臆說或不當類比"所建立的理論；以"實驗法"來批判藉由"自然觀察法"所建立的假說。王充在批判方法的使用上，可以說是一種超越，是以更精準的方法所獲得的結論，來批判較粗劣的方法所獲得的知識；簡單的說，就是在方法上略勝一籌。不過人類的視野畢竟很有限，有時自認為精準的實驗法，也不見得必然有效。王充想要"以小況大"亦難免會有失實的地方。造成這種失實，除了歸咎方法上的侷限外，王充也受限於當時的觀測技術。

註十五：參考黃暉《論衡校釋附編二・王充年譜》頁一二〇九－一二三四。

第二節 以文獻資料批判

凡是具有歷史價值，並可供學術研究引證的圖書文物資料，皆可稱爲文獻。文獻資料是考定歷史真實的重要史料。「董仲舒睹重常之鳥，劉子政曉貳負之尸，皆見《山海經》，使禹、益不遠行，不能作《山海經》；董、劉不讀《山海經》，不能定二疑。」《山海經》的可靠性，正得自於禹、益利用治水的餘暇，實地考察的結果。董仲舒，劉子政藉著《山海經》的記錄，來裁定疑難。以上兩者都是藉著文獻以定嫌疑，至於如何定疑？王充說：

魯共王壞孔子教授堂以為宮，得佚《春秋》三十篇，《左氏傳》也。公羊高、穀梁寘、胡毋氏皆傳《春秋》，各門異戶，獨《左氏傳》為近得實。何以驗之？《禮記》造於孔子之堂，太史公漢之通人也。左氏之言與二書合；公羊高、穀梁寘、胡毋氏不相合。又諸家去孔子遠，遠不如近，聞不如見。（〈案書篇〉）

從上例可見，經籍文獻是否可靠，依於原著作者的權威性。凡注經的書籍，與可靠的經籍文獻內容相合則可信；與可靠文獻不合則不可信。與原經籍著作年代相近則可信，年代相隔久遠，則可能會數傳失真。藉文獻間相互核驗，是王充考定事實的重要方法之一。

例一：傳說「文王飲酒千鍾，孔子百觚。」這種說法是想要用來證明聖人道德崇高，能以道德來控制酒量。王充以《尚書・酒誥》篇的記錄，來駁斥荒謬的傳說：

> 案〈酒誥〉之篇：「朝夕曰：『祀茲酒。』」此言文王戒慎酒也。朝夕戒慎，則民化之。外出戒慎之教，內飲酒盡千鍾，導民率下，何以致化！承紂疾惡，何以自別！（〈語增篇〉）

〈酒誥〉是康叔封於衛時，周公以成王命誥康叔之辭。（註十六）周公引成王的話說：「明大命於妹邦。乃穆考文王，肇國在西土；厥誥毖庶士、越少正、御事，朝夕曰：『祀茲酒。』……文王告教小子，有正、有事，無彝酒。越庶國飲，惟祀，德將、無醉。」王充引用其中的片段，以文王曾經告誡臣民節制飲酒，遇國祀飲酒也不能喝醉的記載，來考訂文王自己私下「喝酒千鍾」的不實說法。依此例，王充在方法的運用上，是以文獻中文王之"言"來駁斥世俗對文王之"行"的

註十六：參考屈萬里《尚書釋義》，頁一一三。

認知。

例二：東漢的儒者，對於「聖人之生，不因人氣，更稟精於天。禹母吞薏苡而生禹，故夏姓曰姒；契母吞燕卵而生契，故殷姓曰子；后稷母履大人跡而生后稷，故周姓姬。」的說法，深信不疑。王充以典籍上的記錄，來考定這種不符事實的論調，他說：

案〈帝系〉之篇及〈三代世表〉：禹，鯀之子也；契、稷皆帝嚳之子，其母皆帝嚳之妃也；及堯亦帝嚳之子。帝王之妃，何為適野草？古時雖質，禮已設制，帝王之妃何為浴于水？夫如是，言聖人更稟氣於天，母有感吞者，虛妄之言也。（〈奇怪篇〉）

〈帝系〉不見於《小戴禮記》，是漢初戴德《大戴禮記》中的一篇，〈三代世表〉即《史記・三代世表》，現將〈帝系〉與〈三代世表〉之原文引述如下：

帝嚳產放勛，是為帝堯。

顓頊產鯀，鯀產文命，是為禹。

帝嚳卜其四妃之子，而皆有天下。上妃有邰氏之女也，曰姜原氏，產后稷；次妃

有戎氏之女也，曰簡狄氏，產契；次妃曰陳隆氏，產帝堯；次妃曰諏訾氏，產帝摯。（《大戴禮記・帝系》）

顓頊生鯀，鯀生文命，文命是為禹。

高辛為帝嚳，高辛生放勛。放勛為堯……高辛生契，高辛生后稷，為周祖。（《史記・三代世表》）

依據《大戴禮記》與《史記》的記載，論證堯、禹、契都是帝妃所生，世系清楚。以帝妃之尊，古禮應有所規範其行動，不可能與野草、候鳥相配，故帝王降生的神蹟皆虛妄之言。

例三：書傳上說：「孔子不能容於世，周流游說七十餘國，未嘗得安。」王充批評說：

案《論語》之篇，諸子之書，孔子自衛反魯，在陳絕糧，削跡於衛，忘味於齊，伐樹於宋，並費與頓牟，至不能十國。傳言七十國，非其實也。或時干十數國也；七十之說，文書傳之，因言干七十國矣。（〈儒增篇〉）

王充綜輯《論語》與諸子之書的記載，合計孔子所到的地方，總共不會超過十幾個國家，傳言七十國，是不實的說法。《論語》記錄孔子的言行，是考察孔子事蹟的最直接史料；諸子之書與孔子年代相近，也可供參考。值得一提的是，王充對諸子的論著評價極高，《論衡．別通篇》說：「百家之言，令人曉明。非徒窗牖之開，日光之照也。」漢代的博士學風一味的尊奉儒家經典，王充則能兼顧諸子學術的重要性。

例四：世俗認為「龍升天者，必謂神龍。」王充舉文獻上的證據，證明能升天之物，不見得能神。王充說：

傳（註十七）言：「鱗蟲三百，龍為之長。」龍為鱗蟲之長，安得無體？何以言之？孔子曰：「龍食於清，游於清；龜食於清，游於濁；魚食於濁，游於清；丘上不及龍，下不為魚，中止其龜與！」（註十八）《山海經》言：「四海之外，有乘龍蛇之人。世俗畫龍之象，馬首蛇尾。」由此言之，馬蛇之類也。《慎子》曰：「蜚龍乘雲，騰蛇游霧，雲罷雨霽，與螾、蟻同矣。」《韓子》曰：「龍之為蟲也，

註十七：劉盼遂注曰：「引自《大戴記．本命篇》」。
註十八：見陳奇猶《呂氏春秋校釋．離俗覽．舉難篇》，原文：季孫氏劫公家。孔子欲諭術則見外，於是受養而便說，魯國以訾。孔子曰：「龍食乎清而游乎清，螭食乎清游乎濁。魚食乎濁游乎濁。今丘上不及龍，下不若魚，丘其螭邪？」卷十九，頁一三一〇。

鳴可狎而騎也。然喉下有逆鱗尺餘，人或嬰之，必殺人矣。」比之為螾蟻，又言蟲可狎而騎，蛇馬之類明矣。……以《山海經》言之，以《慎子》、《韓子》證之，以俗世之畫驗之，以箕子之泣訂之，以蔡墨之對論之，知龍不能神，不能升天；天不以雷電取龍，明矣；世俗謂龍虛妄而升天者，妄矣。（〈龍虛篇〉）

謂之神龍升天，實事者謂之不然，以人時或見龍之形也。以其形見，故圖畫升龍之形也；以其可畫，故有不神之實。（〈雷虛篇〉）

王充計引《山海經》、《大戴禮記》、《呂氏春秋》、《慎子》與《韓非子》等典籍資料，將龍視爲是馬、蛇、昆蟲的同類，馬、蛇、昆蟲並非神奇的動物，所以龍並無神奇之處。除了書籍的記載，王充並以世俗的圖畫證明龍不神；因爲人們能將龍的形狀畫出，暗示曾經有人見到龍，並描繪龍的形狀。「恍惚無形，寒暑風雨之氣乃爲神。」龍具有形體，所以不能稱爲神龍。王充以世俗之畫做爲批判的依據，然王充本人對世俗之畫的真實性，又懷著存疑的態度。（註十九）故

註十九：依《論衡・雷虛篇》，王充以世俗畫雷之象爲批判的對象，可知王充不認爲世俗畫雷的形象是可信的。

王充此一批判，意圖在於"以子之矛，攻子之盾。"即運用"世俗之畫"來批駁"世俗的觀念"。

案王充雖然引經據典，振振有辭，然經近人考定《山海經》並非地理實錄，今四庫全書已將《山海經》改隸子部小說類（註二十）；韓子、愼子、孔子的論述，並非著眼於龍的存在，而是以龍爲喻，抒發自己的想法。至於世俗畫龍，不見得是畫工曾見過龍，龍的形體也可能是畫工想像出來的產物。故王充引以爲據的文獻資料，或不足以當成證實的論據，或王充誤解前人之意，引用不當。王充所引的論據雖多，惜所依據的事實，皆缺乏證據能力，不足以有效的反駁原論題。

例五：書傳上說，宋景公時，熒惑守心，司星官子韋認爲景公出三善言，天必三賞君，當晚熒惑星必徙三舍，事後熒惑星真如子韋所言，證明子韋的說法不假。世人不能辨別這件事的真假，王充引用文獻資料澄清事實，他說：

> 案〈子韋書錄序奏〉（註二十一）亦言子韋曰：「君出三善言，熒惑宜有動靜，於是候之，果徙舍。」不言三。或時星當自去，子韋以為驗，實動離舍，世增言三；

註二十：紀昀於《文淵閣四庫全書・子部三四八・小說家類》評《山海經》說：「究其本旨，實非黃老之言，然道山川率難考據，按以耳目所及，百不一真，諸家並以爲地理書之冠，亦未允；核實定名，實則小說之最古爾。」

註二十一：原文爲〈子韋書錄序秦〉，劉盼遂認爲秦爲奏的誤字，今依劉盼遂注改。

既空增三舍之數，又虛生二十一年之壽也（〈變虛篇〉）

《漢書・藝文志》陰陽家書目有《宋司星子韋三篇》。劉盼遂注云：「子韋書錄序者，蓋亦劉向、劉歆校上錄略之文。」故此文可能是轉錄宋司星子韋的說法。文中對於熒惑守心的說法較平實，只說"熒惑移舍“，並無書傳上所言，在數字上有"三善言，移三舍“的神奇相應。案熒惑星即今九大行星之火星，它在天幕上運行，會有遲、留、疾、速等不同的歷程。如果子韋推算出停留於心宿的火星，在今夕會再度運行，將由"遲留“轉爲"疾速“，則火星當可能於今夕離開心宿。〈子韋書錄序奏〉是依《宋司星子韋三篇》的內容撰錄，子韋是這件事的當事人，他所親載的事，當較書傳的轉手資料可靠。(註二十二)「不言三」，去除神秘的數據吻合，則星動與三善言之間，只是自然偶合，"人動天應“之說，將難以成立。

綜合上述例證，王充所引用的文獻資料，包括儒家的經書、先秦諸子的撰著及漢代學者的著述和史籍，另外還有世俗的圖畫。然並非所有「載於竹帛」的文獻資料都可以用來證實虛說，只

註二十二：杜維運《史學方法論》云：「以轉手記載與原書相比較，是史學家極應知道應用的一種方法。從原書到轉手記載之間，往往有鈔錄上的錯誤、雕版上的錯誤、刪節上的錯誤、潤飾上的錯誤，甚至於絕不可原諒的斷章取義的錯誤，竄改史實的錯誤。」，頁一〇〇。

有藉著可靠的資料，來批判不可靠的論說，才能達到批判的效果。王充或以文獻的權威地位；或以文獻撰述者的操行才智、學識經歷、爲學的態度；或以與事件關連密切的文獻，來保證文獻的信度。不過王充對經籍的引用亦有失察的地方，如王充很喜歡引用《山海經》，且認爲這本書可以定疑，此書雖藉著禹、益治水行遍各地的記錄，來證明它的可靠性；然禹、益至今仍是傳說中的人物，且《山海經》是否真的是禹、益所作，值得懷疑。除此，典籍所記載的故事，往往是作者用來比喻或闡述他的思想，作者本身並不在意引據的真實性；王充卻將這些故事或事實當成實錄，立足於實事的觀點，來駁斥虛說。以實評虛，雖然斗斛權衡俱備，但「所量非其穀」、「所銓非其物」。

第三節　從環境中考察事實

某一事件或論點，往往是依憑某一特定環境產生。就事件而言，環境是環繞於事件主角的一切人、時、地、物的境況。還原事件的原貌，及回歸事件的時空環境，可考證原說的真實性。

一、氣候環境

例一：世人相信人的真誠可以感動天氣，以爲「行事至誠，若鄒衍之呼天而霜降；杞梁妻哭而城崩，何天氣之不能動乎？」王充則以鄒衍所處的時空環境，來論證「五月下霜」並非鄒衍感動天氣，而是自然現象，王充說：

南方至熱，煎沙爛石，父子同水而浴。北方至寒，凝冰坼土，父子同穴而處。燕在北邊，鄒衍時，周之五月，正歲三月也。中州內，正月、二月，霜雪時降；北邊至寒，三月下霜，未為變也。此殆北邊三月尚寒，霜適自降，而衍適呼，與霜逢會。（〈變動篇〉）

據《史記》記載「齊有三鄒，⋯鄒衍後孟子。⋯是以鄒子重於齊，適梁，惠王郊迎，執賓主之禮；適趙，平原君側行撇席；如燕，昭王擁彗先驅，築碣石宮親往迎之。」（《史記・孟子荀卿列傳》）從上面的論述，知鄒衍應爲東周戰國時人，王充以曆法換算"周曆的五月，剛好是夏曆的三月"。案《史記・曆書第四》有：「夏正以正月，殷正以十二月，周正以十一月。」鄒衍所處的時代，是使用周正，傳說中鄒衍能使天「五月降霜」，如以使用夏正的漢代來看，其實相當於「漢曆的三月下霜」，且燕在中國北方，中原地區正月、二月仍然會下霜，鄒衍呼天的地方在北方（燕地），北方較中原寒冷，霜期延至三月不足為奇。王充以鄒衍所處的時空環境來論證「五月降霜」是實有的事，但不能做為"人能動天"的理論依據，因為「五月降霜」是正常節候的表現，並非鄒衍哭喊動天的結果。東漢世人以為此事神奇，是未詳察鄒衍所處的時空環境所致。

二、地形環境

例二：對於《古文尚書・武成》記載「武王伐紂，血流浮杵」，藉以「誇飾助戰者多」。王充批評這段話說：

〈武成〉言血流浮杵，亦太過焉。死者流血安能杵浮？案武王伐紂於牧之野，河北地高，壤靡不乾燥，兵頓流血，輒燥入土，安得杵浮？且周、殷士卒，皆齎盛糧，或作乾糧，無杵臼之事，安得杵而浮之？（〈藝增篇〉）

王充認為此次戰役的地點"牧野"，地處乾燥的北方高地，士兵死傷雖然眾多，但所流的血將被乾燥的土壤吸收，所以不可能血流漂杵。這是王充考察事件的地形環境，以檢證事實的方法。案〈武成〉之篇的原文：「甲子昧爽，受率其旅若林，會于牧野，罔有敵于我師。前徒倒戈，攻于後以北。血流漂杵，一戎衣，天下大定。」從上面的記載，可想像牧野之戰，周聯軍如虹的氣勢及戰況的激烈。王充不以修辭的觀點來評析這段文章，卻以"不符事實"的觀點來苛責。王充的批判，似有矯枉過正之嫌。

三、生態環境

例三：傳書上說：「舜葬於蒼梧，象爲之耕；禹葬會稽，鳥爲之田。蓋以聖德所致，天使鳥獸報祐之也。」世人皆信以爲真；王充依據當時的環境考察，論證這是虛妄不實的說法：

> 實者，蒼梧多象之地，會稽衆鳥所居。禹貢曰：「彭蠡既瀦，陽鳥攸居。」天地之情，鳥獸之行也。象自蹈土，鳥自食草，（註二十三）土蹶草盡，若耕田狀。壤靡泥易，人隨種之，世俗則謂舜、禹田。海陵麋田，若象耕狀，何嘗帝王葬海陵者邪？（〈書虛篇〉）

註二十三：原文「鳥自食苹」，劉盼遂引孫詒讓注曰：「案苹元本作草。」今依孫氏說法校改。

蒼梧本來就是多象的地方，會稽是眾鳥棲息的居所。象與鳥各有蹈土和食苹的天性，「土蹶草盡」並不是爲了報答禹舜的功蹟，而是一種自然的現象。鳥獸因天性動行，與禹舜葬於此處，並無必然的因果關係。「蹈土食苹」是事實，人們將它詮釋爲「耕田」卻是一種不實的臆測。王充將歷史事件與其發生的環境合併考察，使人們看清事情的原貌。

四、文化制度

例四：與王充同爲會稽人的吳君高說：「會稽本山名，夏禹巡守，會計此山，因以名郡，故曰會稽。」王充不同意這種說法，並做了以下的分析：

> **巡狩考正法度，禹時吳為裸國，斷髮紋身，考之無用，會計如何？**（〈書虛篇〉）

夏禹時代，地處會稽的吳國仍停留在「裸國，斷髮文身」的文化階段，法度無從考定，考定亦無實際的作用，又怎麼會在這個地方「大會諸侯，計功行賞。」（註二十四）王充藉由夏禹時代會

註二十四：依據鄭文《論衡析詁》注文，頁三二六。

稽的文化結構，推論夏禹不可能在此地會計。既無會計之實，則”會稽“因”會計“得名之說，不攻自破。案王充的論斷看似客觀，其實主觀。大會諸侯計功行賞，爲什麼一定要選在文化高度發展的地方，如果會稽剛好是此處的中心點，交通便利，何以不能在此處會計？

總結上述例證，王充分別考察事情發生的氣候、地形、生態、文化制度等時間、空間的條件，來推求事情的原貌。藉著與主要事實關聯的”間接事實“，來推論”主要事實“；這種方法在運用上，往往是因爲受到時間遞移的限制，人們不再有機會親自觀察到主要事實，如王充不可能親見殷、周大戰，「血流浮杵」的景象。主要事實雖然淹沒於歷史的洪流之中，但事件發生的地理環境，短時間內並不會改變。由蒼海變成桑田，可能需要千萬年的時間。河北地高、海陵麋田、會稽多象鳥、燕地三月下霜，東漢人所見如此，夏禹、商紂、周武、春秋戰國時亦如是。藉不變的事實，考察淹沒的事蹟，王充在方法上自有其特色和讓我們取法之處。

第四節 以人、物能力的限制批判

自然萬物包括人在內，因其組織構成的不同，所表現出的能力亦不同；萬物的能力在實際的表現上，皆有一個極限。此種極限，可能來自本身結構的限制，也可能來自整體環境加諸其上的限制。(註二十五)能力的觀點是如何被運用來考定事實？我們可從現代法律思想中，有關刑事證據法的理論來得到答案。法律學者陳樸生論情況證據，將人的「能力與技能」列入情況證據之一(註二十六)。如：某甲因偽造文書遭到起訴，法官可能因某甲無足夠的文字表達及陳述能力，斷定他不可能偽造文書，判決無罪。(註二十七)

一、人的力氣

例一：儒書記載「禽息薦百里奚，繆公未聽，禽息出，當門仆頭碎首而死。繆公痛之，乃用百里奚。」一般人以為這是實情，王充認為「仆頭薦善」是事實，「碎首而死」是儒者增溢事實的結果，他說：

註二十五：曾仰如云：「一物受限於一個範圍之內，以致不能發揮原有的能力，或不能擁有其能力所能獲得的完美，該物就受到限制」。《十大哲學問題探微》頁七三。

註二十六：陳樸生《刑事訴訟法》：「情況證據係利用某種事實而推理要證事實。稱要證事實以前之事實為間接事實或情況證據。」，頁四九六。

註二十七：參考蔡墩銘《刑事證據法裁判百選》，頁四八八。

夫人之扣頭，痛者血流，雖忿恨惶恐，無碎首者。非首不可碎，人力不能自碎也。執刃刎頸，樹鋒刺胸，鋒刃之助，故手足得成勢也。言禽息舉椎自擊首碎，不足怪也；仆頭碎首，力不能自將也。（〈儒增篇〉）

王充以爲，一人的力量，在無工具的幫助之下，是無法自己仆頭碎首。仆頭的人，可能傷重血流致死，但還不到碎首的地步。所以儒書的記載誇張失實。由上面的論述，可知王充強烈要求語文的陳述不能超越真實的情況。

二、人的精神持續力

例二：人的精神持續力有一定的限度。王充以此來批判「董仲舒讀《春秋》，專精一思，志不在他，三年不窺園菜。」的說法：

仲舒雖精，亦時解休，解休之間，猶宜游於門庭之側；則能至門庭，何嫌不窺園菜？……人之筋骨，非木非石，不能不解。故張而不弛，文王不為；弛而不張，

文王不行；一弛一張，文王以為常。聖人材優，尚有弛張之時，仲舒材力劣於聖，安能用精三年不休？（〈儒增篇〉）

聖人是人類理想化人格的表徵，聖人(文王)至美至善的才能，仍需放鬆自己的精神，董仲舒才能比不上聖人，「精神專一，持續三年」是不可能的，所以也不可能「三年不窺園菜」。王充以聖人爲人們精神持續能力的最高典範，一般人精神集中的持續能力，很難超越聖人，以董仲舒的精神，是沒有辦法持續三年而不休息。

三、人的行動力

例三：自然萬物，其動行的速度各有極限。王充以此批判趙簡子「魂魄上帝所」的不實說法，他說：

天之去人以萬里數，人之行，日百里。魂與形體俱，尚不能疾；況魂獨行，安能速乎？使魂行與形體等，則簡子之上下天，宜數歲乃悟，七日輒覺，期何疾也？

（〈紀妖篇〉）

日行百里可能是人們行走速度的極限，魂魄與形體原本不離，所以魂魄的速度也應在此一範圍內。王充認爲以這種速度上天，應該花數年的時間；短短七天內，魂魄就能往返天上、人間，依人們的常識判斷，這是不可能達到的，所以趙簡子魂魄上天與天帝會面是虛妄不實的記載。趙簡子上天的傳說，原本是有鬼神論者肯定鬼神存在的重要論據，王充否定此一論據，等於是給予有鬼神論者當頭棒喝。不過王充的論證過程亦有缺陷；王充於前段以靈魂加上形體不能疾速前進，推論靈魂獨行也不能疾速，即以全體不能疾速，證明部分也不能疾速。王充此一預設同樣犯了”分稱的謬誤“（註二十八）。

四、人的辨識能力

例四：世俗忌諱「婦人乳子，以爲不吉。將舉吉事、入山林、遠行、度川澤者，皆不與交通。乳

註二十八：所謂分稱的謬誤是「從事項全體具有某種性質，就推定說所有部分也具有該性質。…例如因爲一部賓士車很快，所以它的每一部分也很快。」引自劉福增編譯《邏輯與哲學》，頁三九七－三九八。

子之家，亦忌惡之，丘墓廬道畔，逾月乃入，惡之甚也。」對婦人乳子的忌諱，王充批判說：

今六畜與人無異，其乳皆同一狀。六畜與人無異，諱人不諱六畜，不曉其故也。世能別人之產與六畜之乳，吾將聽其諱；如不能別，則吾謂世俗所諱妄矣。（〈四諱篇〉）

世俗之人不能辨別"六畜生產"與"人生產"的不同，所以世俗「忌諱婦人乳子」是虛妄的觀念。案王充對世俗之人評價不高，他常稱俗人之材「用知淺略，原事不實」（〈辯祟篇〉）才智膚淺的人，其觀念亦容易失實。這是王充以"造論者的辨認能力不足"，來論證"造論者的觀念不實"的批判方法。

例五：儒者稱「五帝、三王致太平，漢興以來未有太平。」並以「漢無聖帝」爲論據來支撐這種說法，王充反駁說：

實者，天下已太平矣。未有聖人，何以致之？未見鳳皇，何以效實？問世儒不知聖，何以知今無聖人也？世人見鳳皇，何以知之？既無以知之，何以知今無鳳皇也？委不能知有無聖與無，又不能別鳳皇是鳳與非，則必不能定今太平與未平也。

（〈宣漢篇〉）

王充認爲儒者的學識智慧不足以辨認聖人，縱然漢代真有聖人產生，儒者也不能知道。依儒者的說法"有聖人，是太平的徵兆"。今天儒者不能確定漢代有無聖人的前提，卻說漢興以來未有太平，這是沒有根據的說法。

五、物力

例六：世俗認爲日食、月食將引起災異；且世俗以五行相厭勝的原理，來化解日、月食所造成的災異，王充批判說：

> 積金如山，燃一炭火以燔爍之，金必不消。非失五行之道；金多火少，少多小大不鈞也。五尺童子與孟賁爭，童子不勝，非童子怯，力少之故也。狼眾食人，人眾食狼。……天道人物，不能以小勝大者，少不能服多。以一刃之金，一炭之火，厭除凶咎，卻歲之殃，如何也？（〈讕時篇〉）

五行相勝，本來是物質間關係的一種抽象化原理。就物的性質來說，有其合理的一面；但是將萬物之間的關係，過份簡單化的結果，並不能融攝量的大小多寡，對力量的影響。早在戰國時代，《墨子》就已經察覺五行相勝說的缺陷，〈經下〉云：「五行無常勝，說在宜」，〈經說下〉且云：「火爍金，火多也；金靡炭，金多也」。王充承襲《墨子》的思維方法，將五行加入量勝的觀念，來駁斥"以五行相質勝的原理來化解凶災"的謬誤。

總結上述例證，王充運用常識中，人物所擁有的各種能力，其中包括：人的力氣、精神持續力、人的行動力、辨識能力、物力等，來駁斥原論者的說法失實。以"能力不足以成事"論證原說法不可能成立是一種很有用的方法；尤其是面對學者或宗教家別有目地的藉增溢事實、誇大神力來蠱惑人心，王充的批判將有效的扼制學術上的造神運動。

第五節　以無事實根據論證

只要有足夠的證據，人們就可證明一件事情存在的真實性，然而要證明某件事是不存在的，實際上是比較困難的。人們往往習慣以文獻沒記載或沒有傳說來否認某種事實，這種做法雖然犯了邏輯上「訴諸無知的謬誤」(註二十九)，但在資料不足以實證的情況下，也不得不如此。王充雖然也承認沒有證據，不一定表示從未發生過這件事；有證據，也不一定表示某事件是真實的，因爲「夫實有而記事者失之，亦有實無而記事者生之。」(〈講瑞篇〉)、「或頗有而增其語；或無有而空生其言。」(〈雷虛篇〉)但在急切駁倒虛妄說的驅使下，亦採用這種方法來論證，王充有時駁斥某些言論「無所據狀」，似可爲本節做註腳。

一、相關文獻無記錄

例一：流傳的書籍記載「顏淵能見千里之外」，王充以與孔子同時的相關文獻，並沒有記錄這件事，來否定這種說法。他說：

案《論語》之文，不見此言；考六經之傳，亦無此語。夫顏淵能見千里之外，與

註二十九：「從缺少證明一個人的立場爲真，就下相反的結論說他的立場必定不正確，這樣的論證就犯了訴諸無知的謬誤。例如：你沒有證明飛碟不存在，所以飛碟必定存在。」以上引自劉福增編譯《邏輯與哲學》，頁三九六。

聖人同，孔子、諸子，何諱不言？（〈書虛篇〉）

《論語》是「孔子答應弟子時人，及弟子相與言而接聞於夫子之語也。當時弟子各有所記，夫子既卒，門人相與輯而論纂，故謂之《論語》」（《漢書・藝文志》）且《論語》之成書大約是孔子歿後，四、五十年之間。（註三十）故《論語》記錄孔子及其弟子的言行，可信度相當高。六經指《周易》、《詩經》、《禮記》、《尚書》、《樂》、《春秋》，六經之傳指解釋六經的的書籍（註三十一）。故六經之傳可泛指儒家傳注六經的典籍。就常理說，顏淵是儒家德行的典範，如果顏淵能見千里之外，這種事情應該會被記錄在儒家的經典之中；今《論語》與六經之傳都未記錄此事，可見這件事是不實的傳說。王充直指《論語》與六經之傳，是以儒家的權威經典，攻擊流傳的說法。

例二：王充根據事實證明「人不能感天」；然儒者仍辯駁說，是因爲他們還不夠虔誠。並舉「若鄒衍之呼天而霜降，杞梁妻哭而城崩，何天氣之不能動乎？」來支持他們的看法。王充再次反駁說：

註三十：參考羅聯添等編著《國學導讀》，頁三三二。

註三十一：見袁華中、方家常譯註《論衡》，頁二六七。

范雎為須賈所讒，魏齊僇之，折幹摺脅。張儀游於楚，楚相掠之，被捶流血。二子冤屈，太史公列記其狀。鄒衍見拘，雎、儀之比也，且子長何諱不言？案〈衍列傳〉不言見拘而使霜降。偽書游言，猶太史丹使日再中，天雨粟也。由此言之，衍呼而霜降，虛矣！（〈變動篇〉）

王充先以《史記》描寫范雎及張儀的遭遇，歸納出太史公並不避諱將人物的悲慘情狀寫出；以此類推，鄒衍如果遭受莫大的冤屈，「使天霜降」，在傳記中也應該會如實的呈現。太史公撰寫鄒衍的傳記(註三十二)，並未將此事寫入，可見鄒衍「冤而霜降」是虛妄不實的說法。太史公與鄒衍雖然不是同時期的人，然因司馬遷治史嚴謹，王充稱讚他是「漢世實事之人」(〈感虛篇〉)，且有機會親覽宮中密藏，司馬遷所撰寫的《史記》應具有權威性。因此王充引《史記》的說法，意在藉重典籍的權威地位，使人信服。

例三：世人認爲辦事如遇病、死、災、患，嚴重的就認爲是觸犯了歲月方面的禁忌，輕微的就認

註三十二：鄒衍的傳記合併於《史記》卷七十四〈孟子荀卿列傳〉中。以上參見楊家絡《新校本史記三家注》，頁二三四三。

爲是沒有避開日禁所造成的災禍。王充批駁說：

> 周文之世，法度備具，孔子意密，《春秋》義纖，如廢吉得凶，妄舉觸禍，宜有微文小義，貶譏之辭。今不見其義，無葬曆法也。（〈譏日篇〉）

王充認爲《春秋》重視以精微的語言來褒貶是非，如果那時真有日子方面的禁忌，應該可以找到這方面的議論。《春秋》沒有這方面的記載，推論周代並無現在(東漢)葬曆上那一套擇日的規定。

例四：傳書上記載：「齊桓公妻姑姊妹七人」，王充認爲這是虛假的話，他批判說：

> 《春秋》采毫毛之美，貶纖芥之惡。桓公惡大，不貶何哉？魯文姜，齊襄公之妹也，襄公通焉。《春秋》經曰：「莊二年冬，夫人姜氏會齊侯於郜。」《春秋》何尤於襄公而書其姦；何宥於桓公，隱而不譏？如經失之，傳家左丘明、公羊、穀梁何諱不言？（〈書虛篇〉）

《春秋》經的論旨在「貶纖芥之惡」，再加上《春秋》經不避諱"齊襄公與妹亂倫"的記載推論，如果齊桓公妻姑姊妹七人，《春秋》經上應該會直書其事，如果經書一時遺漏，《左傳》、《公羊傳》、《穀梁傳》也應該會補充說明。從《春秋》經、傳沒有記載這件事，推論傳書上的記載是無中生有的虛言。

二、從未有過的經驗

例五：〈問孔篇〉對於聖人的言行，提出諸多疑義。其中對於孔子見南子一事，造成子路不高興。孔子卻發誓說：「我所為鄙陋者，天厭殺我！」世人都肯定這是孔子誠信的表現，對孔子的言行毫不懷疑，王充質疑說：

問曰：「孔子自解，安能解乎？」使世人有鄙陋之行，天曾厭殺之，可引以誓；子路聞之，可信以解。今未曾有為天所厭者也，曰「天厭之」，子路肯信之乎？行事：雷擊殺人，水火燒溺人，牆屋壓填人；如曰：「雷擊殺我，水火燒溺我，牆屋壓填我。」子路頗信之。今引未曾有之禍，以自誓於子路，子路安肯曉解而信之？（〈問孔篇〉）

依據人們的經驗，人遭雷擊、水火溺殺、屋牆壓殺，是時有所聞的事，但從未聽說過被天壓死的人。孔子以不會發生過的事來發誓，那麼不管他是否有鄙陋的行爲，他的誓言將不能產生任何的效果。「事非實，孔子自誓」令人不解。

例六：世人對於「枯骨在野，時嗚呼有聲，若夜聞哭聲」，便說這是死人的聲音。王充則以經驗上從未發生過"會說話的人，死了還能說話"來證明這是一種荒誕不實的說法。他說：

> 夫有能使不言者言，未有言者死能復使之言。言者亦不能復使之言，猶物生以青為色（註三十三），或予之也，物死，青者去，或奪之也。……死物之色不能復青，獨為死人之聲能復自言，惑也。（〈論死篇〉）

依據人們的經驗，讓不會說話的人會說話是經驗中有過的，如嬰兒從不會說話到學會說話；或聲帶因生病失聲，經過治療病癒後又能言語，然而從未發生過死了以後還能說話，所以枯骨的聲音並不是死人的聲音。王充藉經驗所無，證明死後不能言，然其最終目的，是要由死後不能言來批

註三十三：原文「物生以青爲氣」劉盼遂注云：「氣當爲色，涉下文多氣字而誤。青者物之色，非其氣。」今依劉氏說法校改。

判「死人爲鬼，有知，能害人」的觀念。

三、同時期的聖人沒說

例七：傳說商紂王時期，君臣荒淫嗜酒，當時狂飲的景象爲「以糟爲丘，以酒爲池，牛飲者三千，爲長夜之飮，亡其甲子。」王充批評說：

> **周公封康叔，告以紂用酒，期於悉極。欲以戒之也；而不言糟丘酒池，懸肉為林，長夜之飲，亡其甲子。聖人不言，殆非實也。**（〈語增篇〉）

案《尙書，酒誥》記載周公以成王命封康叔之辭。其中對於商紂沉湎於酒給予嚴厲的責難，〈酒誥〉記載說：「今後嗣王酣身，厥命罔顧於民，……惟荒腆於酒，不惟自息，乃逸……庶群自酒，腥聞於上；故天降喪于殷，罔愛于殷：惟逸。非天虐，惟民自速辜。」王充以爲周公於〈酒誥〉中盡述商紂王嗜酒之惡，如果紂王眞有「糟丘酒池，懸肉爲林」的事情，聖人周公親聞此事，應該會說出，聖人不言，表示這件事並非實情。一般來說歷史上的某事件，由「當事人直接記載，或事後追記者佔極少數。曾經發生的事件，其存留大多靠同時人的記載。」(註三十四)周公與紂王同時，略見紂王朝由興盛轉爲衰亡的軌跡，聖人勸戒周民以殷爲鑑，當言此事，王充以聖人不說來否證虛謬不實的說法。趙雅博《知識論》中曾提到，「取自一個作者不提或緘默的證據(消極證據)，如果有下列兩個事件是一定的，則這樣的證是有效的。一、發生事情的當時，某個作者不能不知道。二、在其所寫的書上，不能不寫入；如果沒有寫入，那個可以結論或者著作成了殘缺，或者便是沒有該項事件。」從王充的論證觀察，基本上符合趙雅博所提出的兩個條件，也就是說王充的論證方式是有效的。

例八：世人重忌諱，辨事爲了避忌鬼神的傷害，乃需擇日，王充批評說：

> **《堪輿曆》，曆上諸神非一；聖人不言，諸子不傳，殆無其實。**(〈譏日篇〉)

案劉盼遂註曰：「古代堪輿僅爲擇日之用。」堪輿曆是專供擇日的曆書，曆書上所云的神祇名稱，古代的聖人或諸子從未提及，所以舉事需擇日是一種不實的說法。王充用聖賢不言堪輿曆上的諸神，來否證擇日的必要性。

註三十四：引自杜維運《史學方法論》，頁一四〇。

四、實際上無法證實

現代的邏輯實證論者很重視命題的可檢證性。雷池巴哈(Reichenbach)認爲「一個命題有意義，是因爲它是可檢證性的。在它是不可檢證的形勢下，它是無意義的。」(註三十五)此派學者認爲不能被度量的，便不存在或沒有任何意義。某一論題雖然有事實根據，但是所謂的事實，如果是實際上不能被檢察，我們就無法承認此一事實，或將這一事實當成是不存在的。除此，邏輯實證論者也強調檢證應該在共同主觀的基礎上才能成立。「他們要求一個命題或稱述，如果要成爲有意義的命題，成爲真正的科學的稱述，最低限度要有兩個觀察者以上的檢證。」甚至「所謂的真理，要爲一切人所控制，如此才能達到知識的客觀性。」(註三十六)的確「孤證必不可得結論，憑孤證得結論，與憑臆度，相去幾希。」(註三十七)王充也認爲，如果只有相信單一的說法，將抹煞真實的情況(註三十八)。

註三十五：引自趙雅博《知識論》，頁三三〇。
註三十六：參考趙雅博《知識論》，頁三四五。
註三十七：引自杜維運《史學方法》，頁六九。
註三十八：〈正說篇〉：「苟信一文，使夫真是幾滅不存。」

（一）、無法實際觀察

例九：王充指出被世人認爲「萬世不易」的經典中，仍暗藏誇大不實的記載。以《詩經》爲例，《詩經》上說：「鶴鳴九皋，聲聞於天。」王充以考定實事的立場說：

如鳴九皋，人無在天者，何以知其聞於天上也？無以知，意從准況之也（〈藝增篇〉）

鶴在沼澤鳴叫，沒有人在天上聽，如何知道鶴的鳴聲可傳到天上？以東漢的觀察技術，人在天上聽聞鶴的鳴聲是不可能的，所以人們無從知道《詩經》所記載的是否實情。就如同現在有人提出「外星系有生物的存在」以目前的觀察技術，是無法證明此一命題的真假。「事莫明於有效，論莫定於有證。空言虛語，雖得道心，人猶不信。」（〈薄葬篇〉）不能直接觀察證明的說法，是無法讓人信服的。雖然可用准況來推論，但是類推終不是必然有效的推論方法。

（二）、無法檢驗的獨證

例十：儒書記載盧敖爲了學道求仙，曾游歷北海，見到一仙人，盧敖受仙人的啓示，自以爲仙期未到，返回故里。王充批判這件事說：

> **淮南王劉安坐反而死，天下並聞，當時並見，儒書尚有言其得道仙去，雞犬升天者；況盧敖一人之身，獨行絕跡之地，空造幽冥之語乎？（〈道虛篇〉）**

盧敖獨自一人到絕跡之境，而且只有盧敖一個人的經驗證言。在別人不可能到達的地方，又沒有其他的見證人，盧敖可以有恃無恐的憑空揑造事實且他人又無從驗證，既然是無法驗證的事，"盧敖成仙"的說法是不可靠的。

例十一：主張人死後有知的人，舉以下事例以證明其說，此事例是"鄭子產聘于晉。晉侯有疾，韓宣子逆客，私焉，曰：「寡君寢疾，於今三月矣，並走群望，有加而無瘳。今夢黃熊入于寢門，其何厲鬼也？」對曰：「以君之明，子爲大政，其何厲之有？昔堯殛鯀于羽山，其神爲黃熊，以入于淵，實爲夏郊，三代祀之。晉爲盟主，其或者未之祀乎？」韓子祀夏，郊晉侯有間。黃熊，鯀之精神，晉侯不祀，故入寢門。晉知而祀之，故疾有間。」"王充懷疑這件事的真實性，他批駁說：

夫鯀殛於羽山，人知也。神為黃熊，入于羽淵，人何以得知之？使若魯公牛哀病化為虎，在，故可實也。今鯀遠殛于羽山，人不與之處，何能知之？且文曰：「其神為熊。」是死也，死而魂神為黃熊，非人所得知也。（〈死僞篇〉）

人們知道鯀在羽山被殺死，然從未有人親見鯀死後變成黃熊。眼見爲憑，在沒有證人的情況下，鯀變成黃熊的說法是值得懷疑的。如此，子產的應對便成了喪失依據的空言。

總結上述例證，王充以相關文獻未記載；或以同時代的聖人沒說；或以歷史上從未發生過；或以實際檢證上有困難來批駁原說。徐道鄰先生讚美王充是一位「邏輯實證家」（註三十九），從本節中引用多位邏輯實證論者的說法，來分析王充的論證，有很多吻合的地方，更印證徐氏所言不假。然如果僅以某一角度找不到證據，就判定某一說法是虛妄不實，這種批判可能過於果斷或不夠徹底。不過王充並未犯這種錯誤，因爲王充批判某一論題往往從不同的角度入手，只是本論文是將王充的批判方法一一分析拆解，比較不能看出王充如何徹底的批判虛妄的說法。

註三十九：參見徐道鄰〈王充論考〉，頁一九七，《東海大學學報》，三卷一期。

第六節 以自然科學與歷史知識驗證

科學是以一定對象爲研究範圍，依據實驗與推理，作理論的分類而求得統一確實的客觀規律與真理。本文所指的自然科學知識，是指探討有關自然物體、自然現象及其相互關係的學問。（註四十）歷史是「歷代歷史學家根據史料的考證和解釋，所表達的對過去事實的想像的集合。」（註四十一）所以歷史是歷史學家對過去事實的重新建構，歷史事實的可靠性，取決於歷史學家的專業權威。

王充稱道自己能「核道實之事，收故實之語。」（〈對作篇〉），故實即過去的事實，與歷史事實的概念相近，能收集故實當成立論的基礎是值得讚賞的。王充曾譏諷世俗之人「不達物氣之理」；何謂"物氣之理"？附會的說，是指自然萬物運作的秩序，當然包含今天所謂的自然

註四十：以上參考李永久著論《自然科學》一、科學考論，頁二。臺北：帕米爾書店，民國五十六年二月初版。

註四十一：引自簡文吉〈論歷史與歷史解釋〉，頁一六二，《中正嶺學術研究集刊》

科學（註四十二）。王充利用當時人們在自然科學的研究成果及歷史知識加上自身的觀察研究，以核驗虛妄的說法，兩者都是以較專門的知識來駁論幻想式的虛說。

一、自然科學

(一)、天文學

例一：儒者言：「太平之時有景星，《尚書中候》曰：『堯時景星見於軫。』」王充以天文學的知識，論證景星其實是尋常的自然星象，他說：

夫景星，或時五星也。大者，歲星、太白也。彼或時歲星、太白行於軫度，古質

註四十二：從原文「故天且雨，螻蟻徙，丘蚓出，秦弦緩，固疾發，此物為天所動之驗也。故天且，風巢居之蟲動；且雨，穴處之物擾，風雨之氣感蟲物也。故人在天地之間，猶蚤虱之在衣裳之內，螻蟻之在穴隙之中。蚤虱、螻蟻為逆順橫從，能令衣裳穴隙之間氣變動乎？蚤虱、螻蟻不能，而獨謂人能，不達物氣之理也。」（〈變動篇〉）可知物氣之理是指對天雨、螻蟻、丘蚓、弦、人等自然萬物之間互動關係的理序，以今天來說這是屬於自然科學研究的範圍。

不能推步五星，不知歲星太白何如狀，見大星則謂景星矣。《詩》又言：「東有啟明，西有長庚。」亦或時復歲星、太白也。或時昏見於西，或時晨出於東。詩人不知，則名曰啟明、長庚矣。然則長庚與景星同，皆五星也。…詩人，俗人也；〈中候〉之時，質世也，俱不知星。（〈是應篇〉）

王充認爲堯舜時代人們生活樸質，也沒有足夠的天文知識來推算五星。然到了漢代，對五星運行的週期已能充分的掌握（註四十三），《尚書緯・中侯》載唐堯時代人們曾於白天見大星就稱它爲景星，王充認爲這是將歲星和太白誤以爲是景星。就五星運行的週期言，於地面的觀察者，見到同一顆行星時而出現在東方，時而出現在西方；時隱，時現，且亮度不一。堯時人們尙無推步五星的能力，所以當某行星隱藏一段時間後，又在不同的方位出現時，人們會以爲那是另一顆星。這種情形到了周代的《詩經》，仍然將在東方出現的金星稱爲啓明；在西方出現的金星稱爲長庚。《詩經》的作者與其同時代的人，並不知道啓明、長庚其實是同一顆行星，誤以爲晨出或夕出的

註四十三：案陳遵嬀《中國天文學史》的說法，關於五星的記載很早就有，而真正加以認識和研究卻是在戰國時代，漢代測驗五星更爲精密，三統曆、四分曆、乾象曆所測的五星行度和會合周期都和現今相差不遠，」，頁一五三。

明亮星辰爲景星。（註四十四）漢代在天文科學上的知識當然遠勝於樸質的唐堯時代，我們從文獻中可考察漢代對金星的記錄，就不難了解王充所擁有天文知識的背景：

金，晨始見，去日半次。逆，日行二分度一，六日。始留，八日而旋。始順，日行四十六分度三十三，四十六日。順，疾，日行一度九十二分度十五，百八十四日而伏。……夕始見，……。順，遲，……始留……行星亦如是，故曰：日行一度。（《漢書・律曆志》）

從上面記錄的分析，約與王充同時的班固，他所撰寫的《漢書》，對金星運行的現象，如：順、逆、疾、遲、伏、留等皆有詳細的記載；且對每一現象運行的速度與經過的時間皆有明確的記錄。金星「晨始見」與「夕始見」就是《詩經》所記載的啓明星與長庚星。（註四十五）王充以漢代較精確的科學知識，證明堯時的景星，《詩經》中的啓明、長庚星並非奇異的星象，而是因爲當

註四十四：孫人和注曰：「《詩・大東傳》曰：「且出謂明星爲啓明；日既入謂明星爲長庚。」」《論衡舉正》，頁八三。

註四十五：楊家駱主編《新校本史記三家注・天官書》索隱引韓詩云：「太白晨出東方爲啓明，昏見西方爲長庚。」頁一三二一。

時人們擁有的天文知識不足，所造成的誤解。王充此一批判，將使專談災異、祥瑞的漢儒又失去一個有力的論據。

例二：儒者說：「冬日短，夏日長，亦復以陰陽。夏時，陽氣多，陰氣少，陽氣光明，與日同耀，故日出輒無障蔽。冬，陰氣晦冥，掩日之光，日雖出，猶隱不見，故冬日日短，陰多陽少，與夏時相反。」王充認為以陰陽說日之長短不合事實，他提出自己的看法：

實者，夏時日在東井，冬時日在牽牛。牽牛去極遠，故日道短；東井近極，故日道長。夏北至東井，冬南至牽牛，故冬、夏節極，皆謂之至；春秋未至，故謂之分。（〈說日篇〉）

東井即井宿，古稱牛宿為牽牛。井宿在北緯二十度上下，牛宿在南緯二十度上下（註四十六），分別是當時夏至與冬至時，太陽的位置。（註四十七）王充認為造成晝夜長短的原因，是夏季時太陽離北斗較近，晝過天空的軌道較長，所以晝長夜短；冬季時太陽離北斗星較遠，晝過天空的

註四十六：參考蔡獻章指導，邱國光編著《中國古天文與西洋星座對照圖》，臺北：富冠文物企業有限公司出版。

註四十七：《漢書・律曆志》：「冬至之時，日在牽牛初度；夏至之時，日在東井三十一度。」

軌道較短，所以晝短夜長。王充以太陽位置的不同，造成運行軌道長短的差異，論證形成晝夜長短的原因，批駁儒者以"晝長夜短是陽氣與日同耀；晝短夜長是陰氣掩日之光的說法"。王充依據當時天文科學的研究成果，來批駁儒者陰陽五行的思維想像，他是以科學事實批判附會式的想像。

例三：喜歡論說的人認爲災變是政治好壞的徵兆，王充則以自然現象來證明論者的說法失實，王充說：

在天之變，日月薄食，四十二月，日一食，五、六月（註四十八），月亦一食。食有常數，不在政治，百變千災，皆同一狀，未必人君政教所致。（〈治期篇〉）

王充堅持日食、月食有一定的週期規律，既然日月薄食是自然的現象，那麼這些異常的現象並不是君主施政不當所引起的。如再深入考量，天象變化出乎人們意料之外才能稱做災異（註四十九），如果日、月薄食發生的時間是人們所能推算掌握的，則日、月薄食就不能稱爲異常災變。王充藉

註四十八：原文「五十六月，月一食。」劉盼遂注：「案五十六月當是五，六月。十衍字。」今依劉盼改。

註四十九：〈自紀篇〉云：「夫氣無漸而卒至曰變，物無類而妄生曰異，不常有而忽見曰妖，詭於眾而突出曰怪。」

日、月薄食有規則性，進一步類推人們所認爲的其它百變千災，同日、月薄食一樣，並不是君主施政所致。雖然王充所講的日、月薄食週期，不一定符合實際狀況；但他堅持日、月食有規則性的觀念，應是漢代天文學者普遍的認知水準。（註五十）王充用當時的科學知識爲論據，自然能引起人們的共鳴。

(二)、地球科學

例四：傳書說：「吳王夫差殺伍子胥，煮之於鑊，乃以鴟夷橐投之於江。子胥恚恨，驅水爲濤，以溺殺人。」王充批判說：

經曰：「江、漢朝宗于海。」唐、虞之前也，其發海中之時，漾馳而已；入三江之中，殆小淺狹，水激沸起，故騰為濤。廣陵、曲江有濤，文人賦之，大江浩洋，

註五十：《史記・天官書》載：「月食始日，五月者六，六月者五，五月復六，六月者一，而五月者五，凡百一十三月而復始。故月食，常也。」《漢書・律曆志》計算日月交食的週期云：「朔望之會百三十五，參天數二十五，兩地數三十，得朔望之會。」依《天官書》及《律曆志》的記載，知道漢人已開始注意日月食週期的計算。

曲江有濤，竟以隘狹也。……案濤入三江，岸沸踴，中央無聲。必以子胥為濤，子胥之身聚岸涯也（註五十一）。濤之起也，隨月盛衰，小大滿損不齊同。如子胥為濤，子胥之怒，以月為節也。（〈書虛篇〉）

王充探討江上波濤的起因，是因爲海潮入江，遇江面狹隘，激揚成爲波濤。所以說海潮剛開始發海之時，只是「漾馳而已」，到了進入江口，因爲口岸狹窄河床低淺，才會造成「水激沸起，騰爲濤」的景象。這種波濤的形成，尤其是海水漲潮時更加的明顯。「現代潮汐理論認爲，月亮對地球的攝引力不僅使海水漲落，而且使陸地板塊也有升降。當然後者的升降幅度很小，肉眼或人的感官無法察覺。由於一個月中，日、地、月三者的相對位置不同，朔、望前後月亮與太陽同時在一條直線上對地球吸引。因此潮汐也就最大。」（註五十二）王充雖不明白萬有引力的道理，但已經注意到月球的圓缺變化，對潮汐大小的影響，又因爲潮水的大小影響江口的波濤，所以王充藉著本是自然現象的波濤，來反諷傳書不實的記載。

註五十一：原文「子胥之身聚岸漄也。」劉盼遂引孫詒讓注曰：「漄當作涯，形近而誤。」今依孫氏的說法校改。

註五十二：引自劉君燦編著《中國天文學史新探》，頁三九。

(三)、農業技術

例五：言災異的儒者稱說：「蟲食穀者，部吏所致也。貪則侵漁，故蟲食穀。」王充對上述的說法，提出以下的批判：

> 《神農》、《后稷》藏種之方，煮馬屎以汁漬種者，令禾不蟲。如或以馬屎漬種，其鄉部吏，鮑焦、陳仲子也。是故《后稷》、《神農》之術用，則其鄉吏可免為姦。（註五十三）何則？蟲無從生，上無以察也。（〈商蟲篇〉）

《神農》一書的著錄，見於《漢書・藝文志》，大概是六國農家的作品，託言神農，並非神農所作。有關《后稷》一書，《呂氏春秋・上農篇》曾引用此書，〈漢志〉不見著錄，從書名來看，亦應屬於農事方面的著作。以煮過的馬屎來醃漬種子，可使長成的禾苗不生蟲，這種方法可視為古人防治病蟲害的方法。地方官員如能使用這種方法教民耕種，就能防止蟲食穀，所以"官吏貪

註五十三：原文「則其鄉吏何免爲姦？」劉盼遂引吳承仕注曰：「何當作可，形近而誤，崇文局本改作可。」今依吳氏說法校改。

汙“與”稻穀生蟲“之間並無必然的關係。

二、歷史事實

例六：儒書上說：「淮南王學道，招會天下有道之人，傾一國之尊，下道術之士。是以道術之士，並會淮南，奇方異術，莫不爭出。王遂得道，舉家升天，畜產皆仙，犬吠於天上，雞鳴於雲中。此言仙藥有餘，犬雞食之，並隨王而升天。」王充批駁說：

案淮南王劉安，孝武皇帝之時也。父長以罪遷蜀嚴道，至雍道死。安嗣為王，恨父徙死，懷反逆之心，招會術人，欲為大事。伍被之屬，充滿殿堂，作道術之書，發怪奇之文，合謀亂首。八公之傳欲示神奇，若得道之狀。道終不成，效驗不立，乃與伍被謀為反事，事覺自殺，或言誅死。誅死、自殺同一實也。（〈道虛篇〉）

《史記》記載淮南王劉安雖然計畫謀叛，但尚未做成最後的決定，後來淮南王有意打消叛意，然已遭伍被向吏告發，後遭族滅。（註五十四）不管淮南謀叛一案是否真有其事，或者只是遭構陷的一樁冤獄（註五十五），淮南王劉安或遭誅殺，或自刎而死，是歷史上不爭的事實。依此例，王充引用史實，「案成事」（〈逢遇篇〉）以駁論"淮南王劉安得道成仙"的虛說。

例七：儒者以「孔子將死，遺讖書曰：『不知何一男子，自謂秦始皇，上我之堂，踞我之床，顛倒我衣裳，至沙丘而亡。』其後，秦王兼吞天下，號『始皇』，巡狩至魯，觀孔子宅，乃至沙丘，道病而崩。」為論據，證明聖人能「後知萬世」，王充批評說：

案始皇本事，始皇不至魯，安得上孔子之堂，踞孔子之床，顛倒孔子之衣裳乎？始皇三十七年十月癸丑出游，至雲夢，望祀虞舜於九嶷。浮江下，觀藉柯，度梅

註五十四：楊家駱主編《史記三家注．淮南衡山列傳第五十八》：「吏因捕太子、王后，圍王宮，盡求捕王所與謀反賓客在國中者，索得反具以聞。上下公卿治，所連引與淮南王謀反列侯二千石豪傑數千人，皆以輕罪受誅。……趙王彭祖、列侯臣讓等四十三人議，皆曰：「淮南王安甚大逆無道，謀反明白，當伏誅。」膠西王臣端議曰：「淮南王安廢法行邪，懷詐偽心，以亂天下，熒惑百姓，倍畔宗廟，妄作妖言。《春秋》曰：『臣無將，將而誅』。安罪重於將，謀反形已定。臣端所見其書節印圖及他逆無道事驗明白，甚大逆無道，當伏其法。…」丞相弘、庭尉湯以聞，天子使宗正以符節治王。未至，淮南王安自剄殺。王后荼、太子遷諸所與謀反者皆族。」頁三〇九三-三〇九四。

註五十五：參考徐復觀《兩漢思想史．淮南子與劉安的時代》，頁一八一。

渚，過丹陽，至錢唐，臨浙江，濤惡，乃西百二十里，從陝中度，上會稽，祭大禹，立石刊頌，望于南海。還過吳，從江乘渡（註五十六），旁海上，北至琅邪。自琅邪北至勞、成山，因至之罘，遂並海，西至平原津而病，崩於沙丘平臺。既不至魯，讖記何見而云始皇至魯？（〈實知篇〉）

秦始皇最後一次出遊是在始皇三十七年十月，隔年的七月病死於沙丘平臺。此次遊歷的行程，並未經過魯，所以儒者所說的不符合歷史事實，讖書的預測也沒有得到應驗。王充所引的歷史事實與《史記》所載大致相同（註五十七），然王充對歷史事實的運用也有可議之處。其一、讖書所言過於簡短，可能是將秦始皇數次的出巡，濃縮其要點的籠統說法，並未專指最後一次出巡。就《史記》記載「二十八年，始皇東行郡縣，上鄒嶧山。立石，與魯諸生議，刻石頌秦德，議封禪望祭山川之事。乃遂上泰山，立石，封，祠祀下，……禪梁父。」（〈秦始皇本紀〉）徐復觀以此提出質疑說：「但始皇曾封泰山、禪梁父，何以能斷定他『不至魯』？」（註五十八）；其二、

註五十六：原文「過還，從江渡」劉盼遂云：「〈始皇本記〉過下有吳字，乘下有渡字，並宜據補。」今依劉氏說法校改。

註五十七：參考楊家駱主編《新校本史記三家注‧秦始皇本紀第六》，卷六，頁二六〇－二六四。

註五十八：引自徐復觀《兩漢思想史‧王充論考》，頁六〇〇。

讖書本來就慣用較隱諱的語言來暗示某事。「上我之堂，踞我之床，顛倒我衣裳」可能非事實的描寫，而是暗諷始皇的施政與孔子倡導的仁義德治相違背。王充運用歷史事實來駁斥敵論，在方法上是可取的；不過王充對語意的詮解往往過於僵化，使其批判無法與讖書的立論相互對應。

總結上述例證，王充以漢代的天文科學、地球科學及農業生產技術等較專門的知識，來批判虛妄的說法。科學知識是人們長期觀察自然萬象的經驗所類化形成的知識系統，因此科學知識本身具有極高的穩定性。（註五十九）雖然經驗本身不一定可靠，如：觀察的錯覺、觀察時間的不足、過度類化等，將使結果產生偏差。但是人們仍然可藉著自然萬象的反饋，慢慢修正知識系統。科學知識不易造假，以科學知識為論據，就是以事實來說服別人。王充運用的科學知識，就今天來看，大部分符合事實或接近事實，所以他對虛妄說的批判，仍有值得我們參考的地方。

透過史學家的史識，使人們更容易掌握歷史的真象。引用可靠的歷史事實來駁論虛妄的言論，是一種有效的利器。然在實際運用上，仍須依賴批判者是否能夠保持客觀的立場及適切的擇取歷史真相的能力，徐復觀先生評王充運用史實的能力仍然有所欠缺。

註五十九：參考趙金祁〈科學哲學對科學知識主體主張的演變〉，頁九，《科學教育月刊》，第一五四期，民國八十一年十一月

第七節 核驗數據以明虛說

凡某種說法的內容涉及數據的運用，只要能找出其所依恃的的數據不可靠，即可否定其部分內容。雖然否定部分並不代表能否定全部，但至少能提醒人們，某種說法並不完全可信。尤其是書傳中的敘述常有言過其實的現象，因爲「俗人好奇，不奇，言不用也。故譽人不增其美，則聞者不快其意；毀人不益其惡，則聽者不愜於心。聞一增以爲十，見百益以爲千。」（〈藝增篇〉）然而這種修辭上的誇飾，將會使「純樸之事，十剖百判；審然之語，千反萬畔。」（〈藝增篇〉）破除書傳上任意誇大增實的方法，就是以實際「計度」（〈談天篇〉）來證明。

例一：《尚書》記載：「協和萬國」，王充批判說：

> 夫唐之與周，俱治五千里內。周時諸侯千七百九十三國，荒服、戎服、要服，及四海之外，不粒食之民，若穿胸、儋耳、焦僥、跂踵之輩（註六十），并合其

註六十：原文「跋踵之輩」，劉盼遂引孫詒讓曰：「案跋踵當作跂踵。」今依劉氏的說法校改。

數，不能三千。天之所覆，地之所載，盡於三千之中矣。而《尚書》云：「萬國」，褒增過實，以美堯也。（〈藝增篇〉）

王充根據《禮記・王制》中的記錄，得出周時的諸侯有千七百九十三國，再根據《尚書》中五服（註六十一）的記載，及《山海經》有關海外諸國的記錄，合算周代海內外的國家，不會超過三千。王充實事求是，實際計數，以駁論誇大不實的記載。

例二：「鄒衍之書，言天下有九州。〈禹貢〉之上所謂九州也。〈禹貢〉九州，所謂一州也。若〈禹貢〉以上者，九焉。〈禹貢〉九州，方今天下九州也，在東南隅，名曰赤縣神州。復更有八州，每一州者四海環之，名曰裨海。九州之外，更有瀛海。此言詭異，聞者驚駭，然亦不能實然否。」對於世人的迷惑，王充考定實事，以分析計數的結果，論斷鄒衍的說法。王充說：

以至日南五萬里，極北亦五萬里也；極北亦五萬里，極東西亦皆五萬里焉。東西

註六十一：屈萬里《尚書釋義・禹貢》：「五百里甸服：百里賦納總，二百里納銍，三百里秸服，五百里粟，五百里米。五百里侯服：百里采，二百里邦男，三百里諸侯。五百里綏服：三百里揆文教，二百里奮武衛。五百里要服：三百里夷，二百里蔡。五百里荒服：三百里蠻，二百里流。」，頁六五。

十萬里，南北十萬里（註六十二），相承百萬里。鄒衍之言：「天地之間，有若天下者九。」案周時九州，東西五千里，南北亦五千里；五五二十五，一州者二萬五千里。天下若此九之，乘二萬五千里，二十二萬五千里。如鄒衍之書，若謂之多，計度實驗反為少焉。（〈談天篇〉）

王充依觀察所得，並以古人「天圓地方」的宇宙思維爲基礎，推算天下的面積有一百萬(平方)里，如果依鄒衍的理論計算，天下的面積僅二十二萬五千（平方）里，少於實際考察的結果，王充以此批判鄒衍的說法。案王充計算的數據也有錯誤，東西十萬里與南北十萬里，相乘得出面積應爲一百萬萬(平方)里，合一百億平方里，周時的面積東西五千里，南北五千里，相乘的面積應爲二千五百萬(平方)里，九乘二千五百萬（平方）里，應爲二億二千五百萬(平方)里。(註六十三)王充在計算上所犯的錯誤，可能消弱了批判效果，然以「計度實驗」爲依據的批判方法，仍是値得一

註六十二：原文「東西十萬，南北十萬」劉盼遂注曰：「《說郛》兩〃萬〃字以下，皆有里字。宜據補。」今依劉氏說法校改。

註六十三：劉盼遂引吳承仕注曰：「論說天下直徑十萬里，應得面積一百萬萬里。周九州五千里，應得面積二千五百萬里。以此當鄒衍所說之一州，九之僅得面積二萬二千五百里，以較邊十萬之冪，當百分之二十五強，故云反爲少，然論云：相承百萬里；又云二萬五千里；又云二十二萬五千里，其數位具不應。」

提的。

綜合上例，王充以簡單的加法、乘法，重新計算，驗證經傳上的說法。然王充所依恃的數據也只是一種推估或概數；王充所運用的計算方式，也僅止於概算，甚至計算錯誤。以科學求精確的精神來評斷，這種概算方法似嫌粗略；但是用來批判漢代的虛妄說法，如此的概算，已足以推翻原先用來立論的數據。

本章結語：

流傳的說法或許是無事實根據的虛說，但大部分的說法爲了取信於人，他們「言之有頭足，故人信其說；明事以驗證，故人然其文。…其言神驗，文又明著，世儒學者，莫謂之然。」（〈奇怪篇〉）人們相信虛說，正因爲虛妄的說法也是根據事例、文獻記載來建立。如同爲了論證"死後有知"舉出：「變妾之父，知魏顆之德，故見體爲鬼，結草助戰，神曉有知之效驗也。」（〈死僞篇〉）「文王聖人也，知道、事之實。見王季棺見，知其精神欲見百姓，故出而見之。」（〈死僞篇〉）虛說以魏顆結草助戰的故事爲明證，以聖人的明察爲論據。想要突破虛說的依據並非易事；雖然如此，想要批判世俗的說法並非全無駁論的空間。因爲世人「原事不實」、「賤所見，貴所聞」（〈齊世篇〉），俗人追求事理的態度與方法上漏洞百出，只要訴諸更客觀、更可靠的事實來駁論，即可達到說服人心的目的。王充引用感官經驗、實地訪察、周遭環境、文獻、史實、常識、自然科學研究成果、驗算過的數據…等來駁斥虛說。王充的駁論，講求方法上的更精確，資料的更可靠，以顯明的事實推翻臆度、誇大或虛構的說法。不過王充對〝事實〞的取得，也有爲人垢病的地方，如：以傳說、寓言當論據；過度相信《山海經》的說法；相信祥瑞的真實性等等缺失。這些瑕疵不禁讓人懷疑，王充是否真正具有科學實證的精神？細察《論衡》一書，王充不斷的強調「實事」、「事效」、「實驗」；甚至矯枉過正，運用科學的方法，侵入宗教與文學領域的辨析上。縱使後人有不同的評價，但至少王充在爲學的態度上，講求知識的客觀性、真實性是不容置疑的。至於王充有些不符合事實的說法，我們只能說，那是王充考辨資料的能力不足，認知偏頗或受限於當時的觀測能力和援用俗論以駁斥俗論的結果。

第三章　藉著推論論證

推論是由前提通到結論的演作程序。由前提通向結論，有賴於人們的理性活動；理性活動是一種心理或心靈的過程；這種心靈的過程，是個體所獨有的主觀經歷；繁複的主觀經歷無法公諸於世，人們只能將個人思考過程中，相干的命題，形諸語文，表現述句。這樣表現出來的推論記錄，稱為論證。(註一)以推論來批判原論是一種間接的批判方式，這種方式，可用歸謬法來反駁，或間接反駁對方的論題。所謂歸謬法，是把對方論題假定為真命題，以推出荒謬的結果，然後由此否定被反駁的論題；所謂的間接反駁論題，就是證明與被反駁論題相矛盾的論題為真，來否定被反駁的論題。(註二)王充對於虛妄說的批判，除了講究事實核驗外，他也提醒人們要開啓內心的智慧之門，藉心意推論來反駁異端邪說。王充說：

夫論不留精澄意，苟以外效立事是非，信聞見於外，不詮訂於內，是用耳目論，

註一：參考何秀煌《思想方法導論》，頁二一一。

註二：參考朱志凱《邏輯與方法》，頁一九九。

不以心意議也。夫以耳目論，則以虛象為言，虛象效，則以實事為非。是故是非者不徒耳目，必開心意。墨議不以心而原物，苟信聞見，則雖效驗章明，猶為失實。失實之議難以教，雖得愚民之欲，不得知者之心。（〈薄葬篇〉）

王充認為只著重外感官的經驗層面，雖然能得到一般人的認同，但很難讓具有智慧的人信服。畢竟人類的耳、目等感官，所擁有的認識能力具有侷限性，且易受外在環境的干擾，以致往往不能認清真相，所以必須配合內在心靈的思考來衡量實情。心靈的思考並非妄想或任意的臆測，而是「據兆象，原物類」做合理的推求。「事有證驗，以效實然。」王充是藉著心意辯說的邏輯論證方法，來補具體效驗的不足（註三）。

第一節 歸納法

歸納法是從許多個別性前提，抽出其相同的因素，而後推出一般性結論的方法。即「由特殊

註三：參考林麗雪《王充》，頁一六四。

以推知普遍，因此歸納法亦稱爲歸納推理。」(註四)這種類型的方法，被人們廣泛的運用于思維領域。歸納方法的顯著特點是前提真實，結論未必真實，即結論超出前提，沒有前提蘊涵結論的特徵。我們又可將歸納法分成兩種，一是簡單枚舉法；一是完全歸納法。一般所指的歸納法是簡單枚舉法，簡單枚舉法就是根據某類中的部分對象具有某種屬性，且沒有碰到反例而推出該類對象都有這種屬性的方法。亦如同王充所云：「論雷之爲火有五驗，言雷爲天怒無一效」(〈雷虛篇〉)正面證據有五項，無一反例；所以可得到結論「雷爲火」，而「雷爲天怒，虛妄言也。」

歸納法的推論形式，表述如下：

$s_1 - p$

$s_2 - p$

$s_3 - p$

$s_4 - p$

⋮

註四：任卓宣《思想方法論》頁一五二。

sn—p

s—p（s1，s2，s3……sn是s類中的部分）

例一：儒者「論聖人，以爲前知千歲，後知萬世，有獨見之明，獨聽之聰，事來則名，不學自知，不問自曉，故稱聖則神矣。」儒家將聖人神格化，認爲聖人不必經過學習，天生就能認識萬事萬物。王充於〈知實〉篇列舉十六件事例，另立「聖人不能先知」的論點來反駁儒者的說法。對於每一件事例的內容及論證方式不再贅述，僅將每一事例的結論，整齊其形式如下：

s1（聖人孔子）—不能先知

s2（聖人孔子）—不能先知

s3（聖人孔子）—不能先知

s4（聖人孔子）—不能先知

s5（聖人孔子）—不能先知

…

s13（聖人虞、舜）—不能先知

s14(聖人周公)　—不能先知
s15(聖人孔子)　—不能先知
s16(聖人周公)　—不能先知

所以，凡聖人　—不能先知

藉由十六件個別事例的歸納，見孔子、虞、舜、周公等聖人不能先知，歸納「凡聖人不能先知」的結論，提高簡單枚舉法的有效程度，是儘量多考察事例，考察面愈廣愈好。王充遍舉十六件事例，頗能提高推論的有效程度。

例二：一般人的觀念認爲「命難知」，王充則以人們外在的骨體特徵，來證明「命易知」。王充並且比喻人命就如同"看到容器的形狀，就能推測容器的容量"一樣，是很容易被人知道的。他說：

> 傳言黃帝龍顏，顓頊戴午，帝嚳駢齒，堯眉八采，舜目重瞳，禹耳三漏，湯臂再肘，文王四乳，武王望陽，周公背僂，皋陶馬口，孔子反羽。斯十二聖者，皆在帝王之位，或甫主憂世，世所共聞，儒者所共說，在經傳者，較著可信。（〈骨相篇〉）

將上述的論證依歸納法的形式整理如下：

黃帝－異於常人的骨體（龍顏）
顓頊－異於常人的骨體（戴午）
帝嚳－異於常人的骨體（駢齒）
堯－異於常人的骨體（八采）
舜－異於常人的骨體（重瞳）
禹－異於常人的骨體（三漏）
湯－異於常人的骨體（再肘）
文王－異於常人的骨體（四乳）
武王－異於常人的骨體（望陽）
周公－異於常人的骨體（背僂）
皋陶－異於常人的骨體（馬口）
孔子－異於常人的骨體（反羽）

所以，凡聖人－異於常人的骨體

藉由十二聖人，分別具有特異骨體，可歸納「凡聖人皆具有異於常人的骨體」。人的骨體表候與其命相關聯，故可藉由骨相，推知一個人的「死生壽夭之命」或「貴賤貧富之命」。所以「察表候以知命，猶察斗斛以知容」、「命甚易知」，人們說「命難知」是不妥當的。按此例，王充雖能多舉事例歸納，另立一個與世俗觀念相反的命題，然他所選擇的事例是傳說。雖然這些傳說是「世人所共知的」、「儒者所共聞的」、「甚至連經傳都有記錄可尋」，然傳說的知識，是最不可靠的(註五)。以可信度不高的論據，舉例再多，所歸納的結果仍然是可疑的。

例三：董仲舒「設土龍以招雨」的辦法是否有效，東漢時人有不同的見解。反對者引《易經》：「雲從龍」的說法，以龍為真龍，不能是假龍；桓譚亦以「頓牟取針，磁石引鐵」來論證「土龍不能招雨」。劉歆「典土龍事」，雖認同董仲舒的做法，但無力為董仲舒辯護。王充以十五件事例來驗證董仲舒的說法，原文繁重，不再贅述，僅將十五事例整理如下：

s1　伎道之家，鑄陽燧取飛火於日，作方諸取水於月，非自然也，而天然也。依此類推，土龍亦非真，何為不能感天。(土龍－可招雨)

註五：杜維運：「口頭傳說的史料，一般來講，是間接的，可信度甚值得商榷。如其中關於遠古時代的傳說，即極盡傳奇之能事，而與神話相去無幾；一般的軼聞逸事往往附會，一地之事，附會為他地之事，一人之事，附會為他人之事，所聞之事，如出於不出名的人物，每附會為知名人物之事，再加上增益的部份，真歷史所存者頗為有限。」引自《史學方法論》，頁一三一—一三三。

s2 取偃月之鉤，摩以向日，亦能感天。依此類推，夫土龍既不得比於陽燧，當與刀劍偃月鉤爲比。(土龍—可招雨)

s3 雞可以姦聲感。依此類推，雨亦可以僞像致。(土龍—可招雨)

s4 精神之氣動木囚。依此類推，雲雨之氣何獨不應從土龍。(土龍—可招雨)

s5 禹鑄金鼎象百物，以入山林，以避凶災。依此類推，使作土龍者如禹之德，則亦將有雲雨之驗。(土龍—可招雨)

s6 頓牟掇芥。磁石、鉤象之石非頓牟，皆能掇芥。依此類推，土龍亦非真，當與磁石、鉤象爲類。(土龍—可招雨)

s7 葉公以畫致真龍。依此類推，土龍何獨不能致雲雨(土龍—可招雨)

s8 神靈以象見實。依此類推，土龍何獨不能以僞致真(土龍—可招雨)

s9 夫桃人非荼、鬱壘也；畫虎非食鬼之虎也。刻畫效象冀以禦凶。依此類推，今土龍亦非致雨之龍，獨信桃人畫虎，不知土龍。(土龍—可招雨)

s10 夫飛鴛之氣，雲雨之氣也。氣而飛木鴛。依此類推，雲雨何獨不能從土龍。(土龍—可招雨)

s11 丹木非真魚也。魚含血而有知，猶爲象至。依此類推，雲雨之知，不能過雨，見土龍之象，何能疑之。(土龍—可招雨)

s12 匈奴敬畏郅都之威，刻木象都之狀，交弓射之，莫能一中。依兩難推論，知都之精神在形象邪？亡也？將匈奴敬鬼精神在木也？如都之精神在形象，天龍之神亦在土龍；如匈奴精在木人，則雩祭之精亦在土龍。（土龍－可招雨）

s13夫圖畫非母之實身也。因見形象涕泣輒下，思親氣感不待實然。依此類推，夫土龍猶甘泉之圖畫，雲雨見之，何爲不動？（土龍－可招雨）

s14弟子知有若非孔子也，猶共坐而尊事之。依此　類推，雲雨之知使若諸弟子之知，雖知土龍非真然，猶感動思類而至。（土龍－可招雨）

s15孝武帝幸李夫人，夫人死，思見其形，道士以術爲李夫人。夫人步入殿門，武帝望見知其非也，然猶感動喜樂近之。依此類推，使雲雨之氣如武帝之心，雖知土龍非真人，猶愛好感起而來。（土龍－可招雨）（以上摘錄自〈亂龍篇〉）

所以，凡土龍－可招雨

王充根據上述十五件事例，歸納結論「夫以象類有十五驗：仲舒覽深見鴻，立事不妄，設土龍之象，果有狀也。」此即肯定董仲舒「土龍可招雨」的說法。王充能舉十五事例，以歸納結論，是相當不容易的事。從上述引論，可知王充學識淵博，能觸類旁通。然在歸納的過程中，王充並不是舉土龍致雨成功的例子來歸納結論，而是先舉另一個事例，再藉類比推論的方式來推出土龍可致雨。先類推再歸納，類推的結果不可靠，那麼歸納的結論亦不可信。

例四：言災異的學者稱說：「虎食人者，功曹爲奸所致。」災異之家認爲虎食人是官吏爲奸的凶兆，王充批判說：

古今凶驗，非唯虎也，野物皆然。楚王英宮樓未成，鹿走上階，其後果薨。魯昭公旦出，瞿鵒來巢；其後季氏逐昭公，昭公奔齊，遂死不還。賈誼為長沙王傅，鵩鳥集舍，發書占之曰：「主人將去」；其後，遷為梁王傅。懷王好騎，墜馬而薨，賈誼傷之，亦病而死。昌邑王時，夷鶘鳥集宮殿下，王射殺之，以問郎中令龔遂，龔遂對曰：「夷鶘野鳥，入宮，亡之應也。」其後，昌邑王竟亡。盧奴令田光與公孫弘等謀反，其且覺時，狐鳴光舍屋上，光心惡之，其後事覺坐誅。會稽東部都尉禮文伯時，羊伏廳下，其後遷為東萊太守。都尉王子鳳時，麇入府中，其後遷丹陽太守。夫吉凶同占，遷免一驗，俱象空亡，精氣消去也。故人且亡也，野鳥入宅；城且空也，草蟲入邑。等類眾多，行事比肩，略舉較著，以定實驗也。

（〈遭虎篇〉）

將王充的論證整理如下：

鹿走上階 — 楚王英薨(凶)；(人去樓空)

瞿鵒來巢 — 魯昭公奔齊(人去樓空)；遂死不還(凶)

鵩鳥集舍　——　賈誼遷爲梁王傅(人去樓空)；懷王好騎，墜馬而薨，賈誼傷之，亦病而死。(凶)

夷鶘鳥集宮殿　——　昌邑王竟亡(凶)；(人去樓空)

狐鳴田光舍屋上——　田光坐誅(凶)；(人去樓空)

羊伏廳下　——　禮文伯遷爲東萊太守(吉)；(人去樓空)

麋入府中　——　王子鳳遷丹陽太守(吉)；(人去樓空)

所以，凡野物入人屋室—人去樓空之象。

王充將„虎食人爲凶驗“，推廣爲„野物入人屋舍皆爲凶驗“，並從正反例的歸納，來檢證野物爲凶驗的概念。結果得知„野物爲凶驗“並不正確，因爲野物入人屋室，或吉、或凶；即野物與吉凶之間，無必然的關係。王充另一發現，野物入屋舍是人去樓空的徵兆。王充此一歸納，類似穆勒五法中的求同法。(註六)然在此例中，王充將虎食人，類推爲野物入屋舍，是擴大原論題，且原論„虎食人“，虎並未入人屋舍，而王充所舉的野物並未食人。就一般的常識，人去樓空後，野物才易侵入人類的屋室；王充論述野鳥草蟲先入屋室後，才出現人去樓空的景象，似乎犯了倒

註六：朱志凱《邏輯與方法》：「求同法也稱契合法，其基本內容是：被研究對象a出現在兩個或兩個以上場合中，如果在幾個場合中有一個現象A是共同的，則這個共同現象A與被研究對象a之間有因果聯系。」，頁三一五。

因為果的謬誤。

例五：世人認為雷的成因是「雷公引連鼓相扣擊」所造成的。王充另立相對論題，主張「雷者太陽之激氣也。」且以歸納法證明他的說法：

> **實說，雷者太陽之激氣也。何以明之？正月陽動，故正月始雷；五月陽盛，故五月雷迅；秋冬陽衰，故秋冬雷潛。（〈雷虛篇〉）**

將王充的論證整理如下：

動陽 — 始雷

盛陽 — 迅雷

衰陽 — 潛雷

所以，陽氣—雷

不同的時節，造成陽氣的變動。陽氣始動，雷始動；陽氣盛，雷盛；陽氣衰，雷衰。證明陽氣與雷之間具有因果關係。王充並未明言陽氣為何？但從上下文可知王充所指的陽氣是“太陽的激氣”。既然“雷是陽氣所造成的”為是；那麼“雷是雷公擊連鼓造成的”為非。王充運用因果間的共變關係歸納結果，類似穆勒所創的共變法（註七），然歸納的事例只有三種，難免有輕下結論之嫌。

綜合上例，王充所使用的歸納法是簡單的枚舉歸納；其中又包括類比的、因果求同、因果共變等不同的形式。除此，王充運用歸納法的特色在於能多舉事例，事例之多甚至達十五、六種，此一特色，不管在先秦或兩漢都是極爲少見的。雖然王充部分例證，歸納事例只有三、五項，但是以反駁爲主軸的批判，事例雖少，也能達到批判的效果。因爲「反證是最需尊重的。一條反證，可以否定數條或數千條正面的證據。」（註八）不過王充或以傳說爲事實，或擴大論題，或以因爲果，這些都是推論過程中的白璧之瑕。

註七：共變法是「如果一個現象的量或程度和另一個現象的量或程度，以某種規律的方式在做變化，則兩個因素有因果關連。」引自劉福增《邏輯與哲學》，頁四三五。

註八：引自杜維運《史學方法論》，頁六九。

第二節　定言三段論式

演繹邏輯是由三個命題組成，又叫做三段論式。三段論式成自三個定言命題，稱爲定言三段論式。定言命題的三個命題有兩個命題充當前提，其中一個前提叫大前提，其任務在於提出普遍或一般原理，作爲推論的依據；一個叫小前提，其任務在於提出特殊事實或需要，做爲推論的對象；另一個命題是結論。依照傳統的規定，充當結論的邏輯主詞的那個語詞，稱爲該三段論的小詞(minor term)；而充當結論的邏輯賓詞的那個語詞，稱爲該三段論式的大詞(major term)；另外還有一個語詞沒出現在結論中，卻分別出現在兩個前提裡，那個語詞稱爲三段論的中詞（middle term）。中詞出現於大前提與小前提裡，大、小詞的位置隨著中詞不同而異。所謂三段論法之格，是指三段論法中詞位置不同而言，中詞在大前提或爲主詞或爲賓詞，互相配合有四種可能，這四種可能就是三段論法的四格，其形式如下：（M代表中詞，P代表大詞，S代表小詞。）

第一格

M—P
S—M
———
S—P

第二格

P—M

S—M

S—P

第三格

M—P

M—S

S—P

第四格

P—M

M—S

S—P

例一：讖書言：「堯母慶都，野出，赤龍感己，遂生堯」；〈高祖本紀〉亦言：「劉媼嘗息大澤之陂，夢與神遇，是時雷電晦冥，太公往視，見蛟龍居上，已而有身，遂生高祖。」王充批判這兩件帝王出生的神蹟說：

夫含血之類，相與為牝牡，牝牡之會，皆見同類之物，精感欲動，乃能授施。若夫牡馬見牝牛，雌雀見雄雞（註九），不相合者，異類故也。今龍與人異類，何能感於**人而施氣。**（〈奇怪篇〉）

將上述的論式整理如下：

大前提：凡異類之物不是相合者。（改變原文「不相合者，異類故也。」的主賓詞序）

小前提：龍與人是異類之物。（依原文「今龍與人異類」語意改寫）

結　論：龍與人不是相合者（依原文「何能感於人而施氣？」語意改寫。）

此例先從牡馬與牝牛，雌雀與雄雞不能相合，歸納得出"凡異類之物不是相合者"，並以歸納的結果當成三段論式的大前提；在此前提下，龍與人是異類之物，當然不能相合。依此推論，堯與漢高祖的母親是人，與龍相合生下堯與漢高祖是虛妄不實的說法。此例符合三段論式的第一格，且符合第一格的有效式ＥＩＯ（註十）是有效的論式。

註九：原文：「若夫牡馬見牝牛，雀見雄牝雞。」劉盼遂注曰：「二語宜是，牡馬見牝牛，雌雀見雄雞。」今依劉氏注文校改。

註十：Ａ是全稱肯定判斷；Ｅ是全稱否定判斷；Ｉ是特稱肯定判斷；Ｏ是特稱否定判斷。第一格的有效式例二：道家流傳許多得道成仙的故事，儒書上記載「盧敖學道求仙，游乎北海…云見一士。其意以爲，有求，仙未得也。」盧敖求仙，聲稱自己見到一位行爲特異的仙人，藉此證明仙人是確實存有的，修道成仙有實現的可能。王充批判說：

> 且凡能輕舉入雲中者，飲食與人殊之故也。龍食與蛇異，故其舉措與蛇不同。聞為道者服金玉之精，食紫芝之英，食精身輕，故能神仙。若士者食合蜊之肉，與庸民同食，無精輕之驗，安能縱體而升天？（〈道虛篇〉）

原文中加標注處可視爲三段論的帶證（註十一），將王充的論式整理如下：

大前提：凡所有飲食與人殊者，都是能輕舉入雲中。（改變原文"凡能輕舉入雲者，飲食與人殊之故。"的主賓詞順序）

小前提：若士不是飲食與人殊者(取原文"若士食蛤蜊之肉，與庸民同食"帶證的語意)

計有：AAA、EAE、AII、EIO、AAI、EAO。以上參考朱志凱《邏輯與方法》，頁一三〇。

註十一：朱志凱《邏輯與方法》云：「帶證式三段論是前提帶有證明，並且至少有一個是三段論省略式。帶證式也可以是小前提帶有證明；或兩個前提都帶有證明。」，頁一四二～一四三。

結　論：若士不是能輕舉入雲中(取原文"安能縱體而升天？"的語意)(註十二)依據傳聞的說法，學道的人要服食精氣才能飛升。盧敖所見的異人，吃的食物與一般人並無不同，所以此異人不具飛升的能力。王充此一論式在形式上符合三段論式的第一格，然三個定言判斷的組成爲AOO，不能滿足第一格的規則「小前提必肯定的」(註十三)，所以此一論式是無效的，雖然是無效的三段論式，仍然可稱爲三段論式。

例三：世俗傳言：「周鼎不爨自沸，不投物，物自出。」是一件神奇的寶器，王充批判說：

周鼎之金，遠方所貢，禹得鑄以為鼎也。…夫金者，石之類也；石不能神，金安能神？（〈儒增篇〉）

將上述的論式整理如下：

大前提：凡石之類是不能神(依原文「石不能神」的語意改成全稱命題)

註十二：這句話是屬修辭學中的激問，激問是內心已有定見的設問，而答案必定在問題的反面。參考黃慶萱《修辭學》，頁三八。

註十三：邏輯的三段論式第一格，必需滿足以下兩條規則：一、大前提必全稱。二、小前提必肯定。以上參考朱志凱《邏輯與方法》，頁一二六。

小前提：凡金是石之類（取原文”金者石之類“的語意，並改成全稱命題）

結　論：凡金是不能神。（取原文”金安能神“的語意，並改成全稱命題）

金是周鼎的質料，質料不神，當可進一步推出周鼎亦不神。如何證明”金不神“？王充以定言三段論式推論，金是石的次類，由大類”石不神“推論出”金不神“，此例符合定言三段論式第一格的有效式AAA，是一有效的推論形式。

綜合上例，以傳統的定言三段段論式來觀察王充的推論方式，只發現少數的例證，且推論的過程並不完全吻合三段論規則的要求，可見王充並不精熟此種論法；不過從研究中倒也發現，王充已能注意到利用大類與次類間互相類屬的關係，來做爲推論的基礎。

第三節　假言推理

假言推理就是以假言判斷爲根據，根據假言判斷前件與後件之間的邏輯性質所進行的推理。假言命題中前一個元素命題爲一事件的陳述，稱爲前件；後一個命題爲另一個事件的陳述，稱爲後件。前件是根據，後件是歸結。一個假言命題前件與後件的關係，就是這種根據與歸結的關係。

假言命題的前後件間存在著涵蘊關係；連接形式是由連接詞「如果…則」「只有…才」「…當且僅當…」所連接命題。其中「如果…則」稱爲充分條件假言推理；充分條件假言推理，是以充分條件假言判斷爲前提的推理。推理的過程，必須遵守以下四條規則：（一）、承認前件得緣以承認後件；（二）、否定後件得緣以否認前件；（三）、否認前件不得緣以否認後件；（四）、承認後件不得緣以承認前件。以（一）、（二）條規律所下的充分條件假言判斷，即肯定前件式和否定後件式，是假言推理的有效式；違反（三）、（四）條規律所下的判斷，則稱爲否定前件式和肯定後件式，是無效的推理形式。（註十四）在先秦諸子中，只有《墨子》在這方面有理論性的闡述，關於假言命題，〈小取篇〉云：「假者，今不然也。」（註十五），不是眼前事實的命題，是虛擬假說，以供論證之用。關於假言命題的規則，〈經說上〉云：「小故，有之不必然，無之必不然」（註十六）的說法，類似上述的規則（四）與規則（二）。至於王充對於假言推理並無理論性的陳述，類似的思維，僅可從他具體的評述中窺得；他說：「風至而樹枝動，樹枝不

註十四：以上參考單繩武《邏輯新論》，頁一九七-二〇五。

註十五：吳毓江《墨子校注》注曰：「此言辯之假設法。蓋目下不然，而爲便於明是非辯同異計，特虛擬一種假說，以資辯證。」，頁五三一

註十六：吳毓江《墨子校注》注曰：「故爲事物得之而後之原因。原因常不單純，小故是一部份之因，…偏有小故，不必成見，無一小故，必不成見。」依吳氏的解釋，小故相當於必要條件假言推理的前件也可當充分條件假言推理的後件，頁三九三。

能致風。」（〈變動〉）又云：「目完稱人體全不可從」（〈儒增〉）（註十七）可說是落實在語言的實際運用上，「承認後件，不得緣以承認前件。」的具體陳述。

一、否定後件式

否定後件式的形式如下：

如果p則q
非q

所以，非p

例一：世謂「死人為鬼，有知，能害人。」王充運用否定後件的論式，證明這是虛妄不實的說法。他說：

使死人有知，必恚人之殺己也，當能言於吏旁，告以賊主名；若能歸語其家，告以尸之所在。今則不能，無知之效也。（〈論死篇〉）

註十七：王充此一陳述省略了預設「人體全則目完」，此一預設應為一般人所接受的常識，故省略不言。

加標注處可視為小前提的帶證。將上述的論式整理如下：

1、使死人有知，則「能言於吏旁，告以賊主名；若能歸語其家，告以尸之所在。」

2、今則不「能言於吏旁，告以賊主名；若能歸語其家，告以尸之所在。」（依原文"今則不能"語意增補。）

所以，死人無知（依原文"無知之效也"語意改）

遭受凶殺的人，如果仍然存在知覺，依據人們的常情，是會有伸冤的舉動。然而到目前為止，受冤死的人，並不能為自己伸冤，所以「死人有知」的前提是不對的。此一論式符合否定後件的形式，是一有效的論證方法。

例二：世俗以為鬼神雖不能飲食人們供奉的祭品，但能吸取祭品的香氣。王充對世俗的說法提出質疑云：

且夫歆者，內氣也；言者，出氣也。能歆則能言，猶能吸則能呼。如鬼神能歆，則宜言於祭祀之上；今不能言，知不能歆。（〈祀義篇〉）

將上述的論證過程整理如下：

1、如鬼神能歆，則宜言於祭祀之上。

2、今不能言於祭祀之上（依原文“今不能言”增補）

所以，鬼神不能歆（依原文“知不能歆”增補）

王充認爲人類呼吸時，一吸一呼，不可能吸而不呼；猶如吸香氣後，不可能不吐言。王充以類比推論，來支持假言推理的大前提，並從經驗中得知，祭祀時實際上無法聽見鬼神說話。否定了大前提的後件，則大前提的前件亦不能成立，此一推論在形式上是有效的論式。不過以類推所得的結論當成大前提，推項之間並沒有足夠的相關或類似，如人類吸香氣後不一定要說話，啞吧能吸香氣但不能說話，依此例，大前提未必成立，結論較不可靠。

例三：世人認爲鬼能神，人們只要供上祭品，就能祭祀祈福。王充批判說：

苟鬼神，不當須人而食；須人而食，是不能神也。（〈祀義篇〉）

將上述的論證過程整理如下：

1、如果鬼能神，則不當須人而食。

2、非「不當須人而食。」(依原文〝須人而食〞的雙否定等值推論。)(註十八)

所以，鬼不能神。(依原文〝是不能神〞語意增補)

鬼如果能神則恍忽無形，不當食人之食。今人們以食物來祭祀鬼神，是預設鬼神必須依靠人們祭祀的供品才得以生存，所以鬼不神。此一論式符合假言推理否定後件式，是一個有效論式。

例四：世俗存在著預卜吉凶的占驗方法，王充認爲不可信，並且舉衛獻公太子事爲例，說明世俗占測往往欠準確。王充描述這件事說：「衛獻公太子至靈臺，蛇遶左輪。御者曰：『太子下拜。吾聞國君之子，蛇繞車輪左者速得國。』太子遂不下，反乎舍。御人見太子，太子曰：『吾聞爲人子者，盡和順於君，不行私欲，共嚴承令，不逆君安。今吾得國，是君失安也。見國之利而忘君安，非子道也。得國而拜，其非君欲。廢子道者不孝；逆君欲則不忠，而欲我行之，殆吾欲國之危明也。』投殿將死，其御止之不能禁，遂伏劍而死。」王充批判御者的占測說：

夫蛇繞左輪，審為太子速得國，太子宜不死，獻公宜疾薨；今獻公不死，太子伏劍，御者之占，俗之虛言也。(〈異虛篇〉)

註十八：如P與～～P等值，參考劉福增編譯《邏輯與哲學》，頁一一三。

將上述的論證整理如下：

1、如果蛇繞左輪，審爲太子速得國，則太子宜不死，獻公宜疾薨。

2、今非「太子宜不死，獻公宜疾薨。」（依原文：「獻公不死，太子伏劍」改寫）

所以，蛇繞左輪，不爲太子速得國。（依「御者之占，俗之虛言也。」的原意改寫）

王充先預設「蛇繞左輪，爲太子速得國之兆」爲真；後以歷史事實來否定御者的占測。此例形式上符合否定後件式，是一有效的推論。

例五：世俗以爲「死人有知，鬼神飲食，猶相賓客。賓客喜悅，報主人恩也。」然而人們在實際的經驗中，並未見到鬼神真能用口腹來飲食，於是有人辯解說：「鬼神只是吸取供品的香味，並不是真正的吃東西。」對於俗人的辯解，王充做了以下的批判：

> **何以驗其不能歆也？以人祭祀有過，不能即時犯也。夫歆不用口，則用鼻矣；口鼻能歆之，則目能見之；目能見之，則手能擊之。今手不能擊，則知口鼻不能歆之也。**（〈祀義篇〉）

將上述的論法整理如下：

1、如果口鼻能歆之，則手能擊之。（依如果「口鼻能歆之，則目能見之；如果目能見之，則手能擊之。」二句之純假言推理之結論。）

2、今手不能擊之

所以，口鼻不能歆之。

「如果口鼻能歆之，則目能見之；如果目能見之，則手能擊之。」依純假言推理（註十九），可得出結論「如果口鼻能歆之，則手能擊之。」此一結論又當成否定前件式的大前提；依一般的常識，人們祭祀有差錯，鬼神不能立即懲罰犯錯的人，例如用手擊人，所以鬼神能歆食物香氣的說法是不對的。王充以口、鼻、眼睛及手在使用上互相關聯做爲推論的基礎。就上面的論式，結合了純假言推式和否定後件式，總結「口鼻不能歆之」的結論。

例六：世俗認爲「龍神」，並以「龍升天」爲龍能神的論據，王充批判說：

傳曰：「紂作象箸而箕子泣。」泣之者，痛其極也。夫有象箸，必有玉杯；玉杯所盈，象箸所挾，則必龍肝、豹胎。夫龍肝可食，其龍難得；難得則愁下，愁下則禍生，故從而痛之。如龍神，其身不可得殺，其肝何可得而食？禽獸肝胎非一，

註十九：朱志凱《邏輯與方法》：「純假言推理就是以兩個或兩個以上假言判斷爲前提，而推出一個假言判斷的推理。」頁一六八。

稱龍肝、豹胎者，人得食而知其味美也。（〈龍虛篇〉）

加標注處可視為帶證法的運用，將上述的論證整理如下：

1、如果龍神則其肝不可得而食（依據「如果龍神，則其身不可得殺；如果其身不可得殺，則其肝不可得而食。」的純假言推理推得）

2、其肝可得而食（總結「禽獸肝胎非一，稱龍肝、豹胎者，人得食而知其美味」的語意）

所以，龍不神（可視為省略式，今補入）

「如果龍神，則其身不可得殺；如果其身不可得殺，則其肝不可得而食。」依純假言推理，可得出結論「如果龍神，則其肝不可得而食。」此一結論又當成否定後件式的大前提。神物不可得而食，如能被人所捕獲宰殺，且食其肝胎的動物，並無任何神奇可言。此一論式是一個有效論式；然王充利用「龍肝豹胎」的成語，暗示有人曾殺龍，食其肝，此一論據似嫌不妥，因為「龍肝豹胎」可能只是世間難得美食的形容，並非一定要真有其物。

二、否定前件式（無效式）

其形式可寫成：

如果p則q
　非p
所以，非q

例七：楚莊王曰：『天不降災異，天其忘子乎！』言災異的學者說，這是因爲災異爲譴告，故「莊王懼而思之也。」災異之家以楚莊王的自白，當成災異理論的根據，王充批駁說：

使莊王知如孔子（註二十），則其言可信；衰世霸者之才，猶夫變復之家也，言未必信，故疑之。（〈譴告篇〉）

加標注處是小前提的帶證，將上述的論證方式整理如下：

1、如果楚莊王知如孔子，則其言可信。
2、楚莊王知不如孔子（依原文"衰世霸者之才，猶夫變復之家"的喻義。）
所以，其言未必信

註二十：原文「使嚴王知如孔子」。劉盼遂引吳承仕曰：「當作楚莊王，莊作嚴者，王充避明帝諱改之。」今依吳承仕說法改訂原文。

聖人是道德智慧完美的表徵，所以聖人的言行是人們確信真理的依據。楚莊王才智不足，因此楚莊王所說的話未必可信。此說緣否定前件，以否定後件，是一無效的論式。因爲言可信的前提，不只是「知如孔子」言才可信。如”人之將死“，其言也信；”酒後“吐真言等。案有效的論式，是由前提必然導出結果的推式。王充結論並未說「言不可信」；僅說「言未必信」，王充對這種推式的非必然性，似乎有所了解。

三、肯定後件式(無效式)

其形式結構爲：

如果P則q

q

———

所以，p

例八：世人以爲鬼神是人死後的精神所變成的，所以鬼是恍惚無形的，王充舉世俗的另一種說法來反駁，世俗有一種說法是「鬼者，物也，與人無異。……故凶禍之家，或見蜚尸，或見走凶，或見人形，三者皆鬼也。或謂之鬼，或謂之凶，或謂之魅，或謂之魑，皆生存實有，非虛無象之類。」王充進一步指出證明鬼是確實存有的方法，他說：

何以明之？成事：俗間家人且凶，見流光集其室；或見其形若鳥之狀，時流入堂室，察其形謂若鳥獸矣（註二十一）。夫物有形則能食，能食則便利。便利有驗，則形體有實矣。（〈訂鬼篇〉）

上述的論證，可整理成以下兩種推理過程：

1、如果物有形則便利（上式依「如果物有形則能食；如果能食則便利」二句之純假言推理推得。）

2、便利（原文：便利有驗）

所以，物有形（原文：則形體有實矣）

就眼睛的觀察，僅見流光像鳥形，並不能以此判定所看見的是無實際形體的虛像，或是確實存有的實物，所以必須另尋證據，那就是找尋排泄物才可推論結果。(註二十二)上述推論的過程是由「如果物有形則能食；如果能食則便利」，依純假言推理，推出大前提「如果物有形則便利」，

註二十一：原文「察其不謂若鳥獸矣！」鄭文《論衡析詁》注「不」作「形」，今依鄭文本校改。

註二十二：劉盼遂注曰：「便利，謂拉屎撒尿也。」

再由肯定後件式來肯定前件，證明所見之物是具體存在的形體。此例〞緣後件來肯定前件〝雖然是無效的論式，但在科學上仍然是一種很有用的預測方法。如動物學者在玉山上發現臺灣黑熊的糞便，以此推論野生的臺灣黑熊仍然存在。雖然這種推論並非必然如此，因為玉山上的糞便可能是有人惡作劇，將動物園黑熊的糞便帶到玉山上丟棄；亦可能是人工飼養的臺灣黑熊，逃脫跑到玉山上。不過如能排除上述的可能性，也能得到可靠性很高的推論，甚至成為必然的推論。

例九：有人說：「桓公實無道，任賢相管仲，故能霸天下。」王充反駁說：

有賢明之君，故有貞良之臣。臣賢，君明之驗，奈何謂之有亂？（〈書虛篇〉）

將上述的論式整理如下：

1、如果有賢明之君，則有貞良之臣。（依語意改成假言命題）

2、有貞良之臣（依原文〞臣賢〝語意改寫）

所以，有賢明之君（依原文〞君明之驗〝改寫）

按貞良之臣並非僅產生於賢明君主的朝庭，如夏桀時有賢臣關逢龍，紂王時有賢臣比干；因此，王充以〞有貞良之臣〝來推論〞有賢明之君〝，緣肯定後件來肯定前件，不合邏輯之真，並不是有效的論式。

四、純假言推理的連鎖式

由多個純假言推理連接起來，稱爲純假言推理的連鎖。就是由多個假言判斷爲前提，而推導出一個假言判斷的結論。其形式結構如下：

如果p則q
如果q則r
如果r則s
如果s則t

所以，如果p則t

例十：世俗的觀念認爲「人死爲鬼」，王充則批判說：

人死血脈竭，竭而精氣滅，滅而形體朽，朽而成灰土，何用為鬼？（〈論死篇〉）

將上述的論法，依原意整理如下：

如果人死則血脈竭

如果血脈竭則精氣滅

如果精氣滅則形體朽

如果形體朽則成灰土何用爲鬼（註二十三）

所以，如果人死則成灰土，何用爲鬼？（可視爲省略式，今補入）

王充由人死亡後，形體逐次腐朽，終淪爲灰土的過程，逐步推衍。人的形體成爲灰土後，可以想像得到，如果有鬼的話，鬼要依附在何物之上？上述的推論過程符合純假言推理的連鎖式，是一有效論式。

例十一：儒家爲了維護禮教，「懼開不孝之源」，不敢明示死人無知。然這種不清清楚楚的告知人們死後無知的結果，將助長社會奢靡的風氣。王充說：

論死不悉則奢禮不絕；不絕則喪物索用；用索物喪；民貧耗乏（註二十四）至危亡

註二十三：王充的論述雖然以定言命題呈現，但論題隱含假設的意味；故將命題改寫成假言命題，例十一、例十二皆然，不再註明。

註二十四：原文「民貧耗之」劉盼遂注曰：「耗之當是耗乏」，今依劉盼遂說法改正。

之道也。(〈薄葬篇〉)

將上述的論證過程整理如下：

如果論死不悉則奢禮不絕

如果奢禮不絕則喪物索用

如果喪物索用，則民貧耗乏至危亡之道也

所以，如果論死不悉，則民貧耗乏至危亡之道也。(可視爲省略式，今補入)

王充評儒家「論死不悉」，再由層層遞衍，由因推果的推論過程，推論出此種「論死不悉」的做法，將使國家走向危亡的絕境。上述的推論過程，符合純假言推理的連鎖式，是一有效論式。王充的論證，使人警覺到，儒家雖然本著良善的動機，希望引導世人孝敬親長，然而儒家思想隱含死後有知的論據，如此的思想，用於一般缺乏辨識能力的老百姓身上，將使良法美意導入另一個錯誤的方向。

例十二：世俗稱「上世之人，侗長佼好，堅強老壽，百歲左右；下世之人，短小陋醜，夭折早死。」王充批判說：

上世之民，下世之民也，俱稟元氣。元氣純和，古今不異，則稟以為形體者，何

故不同？夫稟氣等則懷性均，懷性均則形體同，形體同則醜好齊，醜好齊則夭壽適。（〈齊世篇〉）

將上述的論式整理如下：

如果稟氣等則懷性均
如果懷性均則形體同
如果形體同則醜好齊
如果醜好齊則夭壽適

所以，如果稟氣等則夭壽適（可視為省略式今補入）

王充推理得出結論”如果稟氣等則夭壽適“。又因王充主張上世之民與下世之民稟氣均等，所以可進一步推論”上世之民與下世之民的夭折或長壽也應當是相等的“。王充另立一個與原論相對的命題，並以推論證明此一命題為真，以反駁世俗的說法。王充的推論在形式上是有效的，但每一個前提的因果事例，似乎是王充主觀的看法，缺乏有力的保證。

綜合以上諸例，王充在假言推論的運用上，最善於運用否定後件式來否證世俗的說法。這種方法是以假設的語氣先肯定對方的說法，再以事實來證明對方的說法為非。以歸謬法駁斥對方理論，是一種很有用的論式；然王充所設定的假言命題，往往是根據主觀的判斷、常識或”人事類推鬼神“的類推結果，前、後件間是否真正存在涵蘊關係令人懷疑。擔任大前提的假言命題如果不存在必然的涵蘊關係，則王充的論證形式雖合乎邏輯之真，卻不符合事實真理。肯定後件式和否定前件式，在《論衡》中並不多見，兩者的推論雖然無效，但仍具啓發性，偶可收到「禦人以口給」的效果。至於純假言推理連鎖式的運用，因爲適合中國語文的特性，王充慣用此法，將論題層層遞移，推向與原論題相反的結果，以否定虛妄的說法。

第四節　兩難推理

兩難推理是以充分條件假言判斷和選言判斷爲前提，以定言判斷或選言判斷爲結論，所組成的推理；即綜合假言、選言、定言的推理方式。其特點是選言前提給出兩個選言支，相應的有兩個假言前提，假言前提的數目與選言前提的選言支相等。同時，給出的選言前提要人們做出明確的擇一，而假言前提則表明，無論那一種可能都會使對方陷入困境，進退維谷、左右爲難，故謂之兩難推理。(註二十五)兩難推理必須遵守以下條件：第一、假言命題其前後件必須確有蘊涵關係；第二、選支必須窮盡；第三、不能以片面的理由作爲立論的依據。

先秦時代，百家爭鳴，諸子爲求辯論能懾服人心，也往往能夠運用兩難論式做爲立論的工具。(註二十六)王充並無兩難推理相關的論述，從理論上歸納王充有關兩難論式的觀念較難獲得具體的成果，唯有分析王充言辯的內容，方可見到王充運用兩難論式的精妙之處。

一、簡單建設式

所謂兩難論式的簡單論式，就是兩難論式的基本形式。此種論式是兩個假言命題的前件或後件相同，則小前提與結論，一爲選言命題，一爲定言命題，此爲兩難論式的簡單式。簡單二難推理建設式的推理過程是假言前件不同，後件相同，由選言前提的選言支，分別肯定兩個假言前提的前件，導出假言前提的後件爲結論。其形式如下：

如果p則r；如果q則r

註二十五：參考朱志凱《邏輯與方法》，頁一七〇。

註二十六：參考曹春秀〈先秦兩難論式〉，頁一一五-一二六。

p或q

所以，r

例二：俗人以為犯罪被刑罰的人，上墳祭拜會帶來惡運，所以「被刑為徒，不上丘墳」。世俗之人「但知不可，不能知其不可之意」這種忌諱拘束人們的生活，甚至連父母死亡都不送葬，「不行弔傷，不見他人之柩」實違背養生送死的禮節，王充批評說：

葬死人，先祖痛；見刑人，先祖哀。權可哀之身，送可痛之屍，使先祖有知，痛屍哀形，何愧之有？如使無知，丘墳、田野也，何慚之有？（〈四諱篇〉）

加標注處是帶證的部分，將上述的論證過程整理如下：

1、使先祖有知則不用慚愧；使先祖無知，則不用慚愧（註二十七）

2、先祖有知或先祖無知(可視為省略式，今增補)

所以，不用慚愧(可視為省略式，今增補)

註二十七：據《說文》：「慚，媿也。」「愧，媿或從恥省。」依此，“何慚之有”與“何愧之有”同義，二者原為修辭上的激問，激問的解答在激問的反面，作者原意是“不用慚愧”。

不管先祖有知或無知，皆同時導向「不用慚愧」的結論，既然不用慚愧，則「被刑爲徒，不上丘墳」的避忌是多餘的。先祖有知與先祖無知已窮盡選支，使人無從鑽空問難，故此例在形式上爲有效論式。

例二：世俗爲了避忌鬼神，凡舉事須擇日，對於世俗的舉動，王充提出以下的問難：

生人飲食無日，鬼神何故有日？如鬼神審有知，與人無異，則祭不宜擇日；如無知也，不能飲食，雖擇日避忌，其何補益？（〈譏日篇〉）

加標注處爲帶證的部分，將上述的論證方式整理如下：

1、如鬼神審有知則祭不宜擇日；如鬼神無知則祭不宜擇日（依帶證「不能飲食，雖擇日避忌，其何補意益？」之意增補）

2、鬼神有知；或鬼神無知（可視爲省略式，今補入）

所以，祭不宜擇日（可視爲省略式，今補入）

上述的論證，不管鬼神有知或無知，皆同時導向"祭祀不宜擇日"的結論。此例在形式上符合兩難論式的簡單建設式，是一有效論式。假言前提「如無知也，不能飲食，雖擇日避忌，其何補益？」容易獲得大家的認同，較無爭議；然另一個假言前提「如鬼神審有知，與人無異，則祭不宜擇日」

王充以有知這一點，將鬼神與人歸爲同類，再由生人飲食不擇日，類推鬼神飲食無須擇日。類推法並不是必然的推論，大前提假言選支的前後件無必然的涵蘊關係。如果前提爲假，藉由兩難論式所推出的結論亦不可靠。

例三：世人相信以解除之法能夠消除災厄。解除的方法是「解除初禮，先設祭祀。比夫祭祀，若生人相賓客矣。先爲賓客設膳，食已，驅以刀杖。」王充批判以刀杖驅鬼的方法，他說：

使鬼能神乎，不為驅逐去止；使鬼不能神乎，與雞雀等，不常驅逐，不能禁也。

（〈解除篇〉）

加標注處爲帶證的部分，將上述論法整理如下：

1、使鬼能神則不爲驅逐止去；使鬼不能神則不爲驅逐止去。（下句依帶證原文「與雞雀等，不常驅逐，不能禁也。」的語意改寫）

2、鬼能神；或鬼不能神(可視爲省略式，今補入)

所以，不爲驅逐止去(可視爲省略式，今補入)

不管鬼能神或鬼不能神，兩項選支同時導向"不爲驅逐止去"，進而推知「論解除，解除無益。」（〈解除篇〉）依此論式，鬼能神與不能神已窮盡選項，所以此一論式在形式上是有效的形式。

假言前提「如果鬼能神則不爲驅逐止去」，較無爭議；然王充以雞雀不爲驅逐止，類推「鬼不能神則不爲驅逐止去」，並不是必然的推論，所以此例的結論不一定可靠。

例四：儒書言：「共工與顓頊爭爲天子不勝，怒而觸不周之山，使天柱折，地維絕。」王充批判說：

如不周之山，大山也。使是天柱乎？折之固難；使非柱乎？觸不周山而使天柱折，是亦復難。（〈談天篇〉）

將上述的論式整理如下：

1、假使不周之山是天柱，則摧折不周之山是困難的。假使不周之山非天柱，則摧折不周之山也是困難的。

2、不周之山是天柱；或不周之山非天柱（可視爲省略式，今補入）

所以，摧折不周之山是困難的（可視爲省略式，今補入）

不周之山是大山的前提下，不管不周之山是天柱，或不周之山不是天柱，皆同時導向結論"摧折不周之山是困難的"。選言支已窮盡選項，所以此例在形式上是有效論式。然王充批判的對象是神話，神話具有高度的象徵意義，神話故事或許隱藏某些事實，但是如果以事實爲標準來檢驗神話，將使神話故事體無完膚，失去原先的意義。

二、複合論式

兩難論式除了上述的簡單式外，尚有一種複合式；即構成大前提兩選支的假言命題，其前件後件均不相同，小前提與結論亦均爲選言命題者叫做複合論式。

(一)、建設式

複合兩難推理建設式的推理過程，是兩個假言前提的前後件都不相同，選言前提的選言支分別肯定假言前提的前件，導出一個分別肯定假言前提後件的選言判斷作爲結論。(註二十八)其形式結構如下：

如果p則q；如果r則s

p或r

註二十八：參考朱志凱《邏輯與方法》，頁一七二。

所以，q或s

例五：世俗流傳「歲、月有所食，所食之地必有死者」；凡被食的地方就要行巫術化解歲、月的侵犯，或逃往他鄉避難(註二十九)。王充批評說：

日加十二辰不食，月建十二辰獨食。豈日加無神，月建獨有哉？何故月建獨食，日加不食乎？如日加時無神（註三十），用時決事，非也；如日加時有神，獨不食，非也。（〈讕時篇〉）

將上述的論法整理如下：

1、如日加時無神，則用時決事，非也；如日加時有神，則獨日不食，非也。(依原文語意增補)

2、日加時無神；或日加時有神。(可視為省略式，今補之)

註二十九：〈讕時篇〉：「見食之家，作起厭勝，以五行之物懸金木水火。假令歲月食西家，西家懸金；歲月食東家，東家懸炭。設祭祀以除凶；或空亡徙以辟其殃。連相仿效，皆謂其然。」

註三十：原文無〃時〃字，劉盼遂注曰：「加下疑當有一時字，方與下文一致。」依劉氏的說法文意較易疏通，故從之。

所以，用時決事，非也；或獨日不食，非也。（可視爲省略式，今補之）

每天用時辰有神或每天用時無神，已窮盡兩難推式的選支。用十二時辰有神或無神，分別導向”世俗用時辰來判斷事情的吉凶是不對的“或”世俗僅以爲歲、月會侵犯人，日卻不會侵犯人是不對的“。做爲結論的選言命題分別否定世俗所肯定的兩種觀點；如此論證，至少可以否定兩種觀點之一。此例符合二難推論的複雜式，是有效的推論方式。

[例六]：墨家主張「薄葬而又右鬼」，且墨家論右鬼，以杜伯變成厲鬼之事爲論據，王充以兩難推論，批判墨家的觀念云：

如以鬼非死人，則其信杜伯，非也；如以鬼是死人，則其薄葬，非也。（〈薄葬篇〉）

將上述的論證方式整理如下：

1、如以鬼非死人，則其信杜伯，非也；如以鬼是死人，則其薄葬，非也。

2、鬼非死人；或鬼是死人（可視爲省略式，今補之）

所以，其信杜伯，非也；或其薄葬，非也（可視爲省略式，今補之）

鬼是死人變成的；或鬼不是死人變成的，已窮盡選支。二選支分別導向”相信杜伯成爲厲鬼是不對的“；或”薄葬的觀念是不對的“。在兩難推理的攻勢下，墨家右鬼和薄葬的觀念不能皆是，二者必有一非。此例為有效推論方式。

例七：孔子曰：「公冶長可妻也，雖在縲紲之中，非其罪也。」以其子妻之。王充批判孔子的舉動說：

> 案孔子之稱公冶長，有非辜之言，無行能之文。實不賢，孔子妻之，非也；實賢，孔子稱之不具，亦非也。（〈問孔篇〉）

將上述的論式整理如下：

1、如果公冶長實不賢，則孔子妻之，非也；如果公冶長實賢，則孔子稱之不具，亦非也。

2、公冶長實不賢；或公冶長實賢（可視為省略式，今補入）

所以，孔子妻之，非也；或孔子稱之不具，非也（可視為省略式，今補入）

不管公冶長賢或不賢，分別否定「孔子將女兒嫁給公冶長的舉動」；或「孔子並沒有稱讚公冶長賢能的地方」，此例符合兩難論式。案前提強調，如果公冶長實賢，孔子應該有稱讚的言語，然孔子並沒有這樣做是不對的；但我們仔細思考，顯揚有賢德的人，除了語言上的稱讚之外，難道沒有其他方式嗎？孔子願意將女兒嫁給公冶長，不正是以行動來肯定公冶長的賢德。不以言語來讚美公冶長，將女兒嫁給公冶長，這是發自內心最真誠的讚揚，王充又何必拘於語言上的讚美呢？

（二）、破壞式

複合兩難推理破壞式的推理過程，是兩個假言前提的前後件不同，選言前提的選言支，分別否定假言前提的後件，依此分別得出否定假言前提的前件做爲結論。其形式結構如下：

如果p則q；如果r則s

非q；或非s

所以，非p；或非r

例八：東漢時人多忌諱，凡遇興功辦事，大則害怕觸犯歲、月之禁，小則害怕觸犯日禁。爲了明其是非，使「信天時之人，一疑而倍之」，對於工伎之書云：「起宅蓋屋必擇日」，王充做了以下的批判：

如以障蔽人身者，神惡之，則夫裝車、治船、著蓋、施帽，亦當擇日；如以動地穿土，神惡之，則夫鑿溝、耕園亦宜擇日。（〈譏日篇〉）

將上述論式整理如下：

1、如以障蔽人身者，神惡之，則夫裝車、治船、著蓋、施帽，亦當擇日；如以動地穿土者，神惡之，則夫鑿溝、耕園，亦宜擇日。

2、裝車、治船、著蓋、施帽不當擇日；或鑿溝、耕園不宜擇日(可視為省略式，今補之)

所以，以障蔽人身者，神不惡之；或以動地穿土，神不惡之。(可視為省略式，今補之)

從事裝車、治船、著蓋、施帽、鑿溝、耕園等各項工作，無須擇日；王充已於〈譏日篇〉提及(註三十一)；或習俗上本來就未避忌以上諸事；所以論式2可視為省略式。既然論式2所列諸事無須擇日，則論式1預設以「障蔽人身者，神惡之」和「動地穿土者，神惡之」全被否定。此例由兩後件的否定，導向兩假言前件的否定，形式上似一有效的論式。然二假言命題的選支，並未窮盡所有可能被土地神嫌惡的原因，如“宅重壓土，神惡之。”；“非自然之物，神惡之。”…等等可能。所以王充並不能藉此一問難，完全否定「起宅蓋屋必擇日」的需要。

綜合上例，王充運用兩難論式批判的主要對象，集中在世俗對鬼、神、祭祀等觀念上。就運用的形式言，除了基本的簡單論式外，尚有複合論式的運用。為達到批判為目的，王充利用兩難

註三十一：〈譏日篇〉：「作車不求良辰，裁衣獨求吉日。」又云：「沐有忌，冠無諱。」

論式中的破壞式，使人看出原論題的謬誤；不僅如此，在建設式的使用上，王充也慣用”P則非q“的形式當成兩難論式的假言命題；兩假言命題，由兩個肯定的前件，分別導向兩個否定的後件，達到揭露對方謬誤的目的。以現代意義的兩難論式來觀察，王充的論法並不完全吻合兩難論式，如兩難論式的省略式，只能省略大前提、小前提或結論之一，王充的論式卻常同時省略小前提與結論，至於帶證法的運用，也使兩難論式顯得冗贅。然《論衡》是批判書，不是邏輯書，有時完整的論證，反使文章遲滯，又遇該補充證明之處如不證明，將使人懷疑前提的根據為何？如此帶證又是必要的，冗贅才能使人信服。兩難論式在先秦已有高度的發展，王充承襲此一傳統，並廣泛的運用在他的論文中。從先秦到王充為止，兩難論法雖然有豐富的經驗傳承，卻鮮有相關的方法論述，由實踐至理論竟是一條難以跨越的鴻溝，實令人嘆惋不已。

第五節　類比推理

類比推理簡稱類推。「類」是似的意思，所以類比推理就是根據兩種事物的相似之點，相互比較，由一事物具有某種屬性，推知另一事物亦有某種屬性。類比法的形式，可表示為：

A具有a、b、c、d

B具有、a、b、c

所以，B具有、d

類比法不具必然性，由類推所得的結論如果是真，只能算是概然的真。提高類比推理的真確性，必須遵守以下三點規律：（一）、類似點宜多；（二）、相似之點與所要推得的結論相干；（三）、相似之點不得與所要推得的結論相牴觸。（註三十二）

「大抵演繹邏輯在西方有高度的發展，而中國則在類比推理上有深入的研究。」（註三十三）有關類比推理，在先秦文獻中蘊藏著豐富的論述。《荀子・非相篇》云：「以人度人，以情度情，以類度類……類不悖，雖久同理。」在相似性吻合不悖的情況下，運用類推法能夠得到恆久且穩定的事理。《墨子・小取篇》云：「以類取，以類予。」揭諸推論的基礎是建立在個別事物的"同類"關係上，且「異類不比」（《墨子・經下篇》）是類推法的重要原則，後人從《墨子》的推論方法中，又分析出"辟、侔、援、推"等四種類比推理的形式。（註三十四）《呂氏春秋》云：「類固不必可推知也。」（註三十五），可見最慢在戰國末年，諸子已略知類推法在運用上的侷

註三十二：以上參考單繩武《邏輯新論・第五章　類比推理》，頁三二九-三三四。

註三十三：引自 楊儒賓・黃俊傑編《中國古代思維方式探索》，頁二二八。

註三十四：參考陳榮灼〈作爲類比推理的墨辯〉。

註三十五：引自陳奇猷《呂氏春秋校釋・別類篇》。 這句話的意思依陳奇猶注曰：「上文云：『物多類然

限。

自然萬物普遍系聯，使得類推法能有效的探索新知。王充懷疑孤立獨存的事理，凡「獨有一物，不見比類，乃可疑也。」（〈四諱篇〉）他肯定類推的推知功能，云：「天與人同道，欲知天以人事」（〈卜筮篇〉）、「以今而見古，以此而知來。」（〈實知篇〉）人們眼前的世事是已知的領域，不管是鬼、神、天道還是遙遠的過去、未來，都是難知的彼岸，只有藉著「方比類物」（〈薄葬〉）、「推原事類」（〈實知篇〉）才能爲兩者建立過渡的橋梁。類推的基礎是兩者之間必須「同道」、「不異」（註三十六）、「同一類」（〈指瑞篇〉）、「相似類」（〈異虛篇〉），再由「推此以度」（〈談天〉）、「推類以況」（〈別通篇〉）、「因類以及」（〈變動〉），以類推來證明，才不致產生空洞的認知。（註三十七）

而不然』故物不可必，則不可以類而推也……上下文所舉各例，皆說明物不可必而不可以類推之義。」，卷二十五，頁一六四二。

註三十六：如〈變虛篇〉云：「天人同道，好惡不殊。人道不然，則知天無驗也。」；〈感虛篇〉云：「使至誠之聲能動城土，則其對林木哭能折草破木乎？鄉水火而泣能涌水滅火乎？夫草木水火與土無異，然杞梁之妻不能崩城，明矣。」

註三十七：〈明雩篇〉云：「變復之家，不推類驗之，空張法術惑人君。」

一、性質的類比

性質的類比就是根據類比對象性質之間的類似性，所進行的類比推理。在兩類或兩類對象間，都有某些相同的性質，而其中的一個或一類對象還有另一個性質，從而推出另一對象也有另一個性質。

例一：傳書上說：「堯之時，十日並出，萬物燋枯。堯上射十日，九日去，一日常出。」王充批評說：

日，火也。使在地之火附一把炬，人從旁射之，雖中，安能滅之？地火不為見射而滅，天火何為見射而去？（〈感虛篇〉）

天火與地火同屬於火類，故天火與地火的性質應有許多相似類的地方。從地面上的火被射不會熄滅的事實，推論天火也不會因被射而熄滅。由已知推向未知，王充推論的結果，符合今天我們對太陽的認識。

例二：儒者認爲「天地之生物也，以養人。」（《春秋繁露．服制象》）因爲「天生五穀以食人，生絲麻以衣人。」所以天具有意志並能做爲。王充則提出天道自然無爲，駁斥儒者的觀點；並以天無口目，來證明天道無爲。然東漢時人無法上天，何以知天無口目？在不能實際觀察的情況下，王充以類推法來證明。他說：

何以知天之自然也？（註三十八）以天無口目也。案有為者，口目之類也。……今無口目之欲，於物無所求索，夫何為乎？何以知天無口目也？以地知之。地以土為體，土本無口目。天地，夫婦也；地體無口目，亦知天無口目也。（〈自然篇〉）

王充以夫婦的關係，來比況天地，如果將夫婦擴大解釋，即夫婦可視爲萬物中的"配偶之類"，萬物中能成爲配偶，在性質上必是一雄一雌，在類屬上必須很接近。如馬、牛可同屬動物類，但兩種個體的關係較遠，如果以較狹窄的類屬標準來判定，兩者只能算是異類之物，不能成爲"同類之物"（註三十九）。天地可視爲一組配偶類，暗示天地之間有許多共同的性質。人們觀察所居住的地面，並未見到口目，以此類推，天也不具口目。王充批評：「儒者說夫婦之道取法於天地。知夫婦法天地，不知推夫婦之道，以論天地之性，可謂惑矣。」（〈自然篇〉）儒者以難知的天

註三十八：原文「何以天之自然也？」劉盼遂曰：「何以下脫一〃知〃字。」今依劉氏說法補入。

註三十九：〈奇怪篇〉：「且夫含血之類，相與爲牝牡，牝牡之會，皆見同類之物。精感欲動，乃能授施。若夫牡馬見雌牛，雀見雄牝雞，不相合者，異類故也。」

地之性，類推夫婦之道；王充以易知的夫婦之道，類推天地之性。藉著"已知"來類推"無知"，在類推方法上，王充似乎比儒者更勝一籌。然以今天人們對天地的瞭解，地球之外的天，是無窮無盡的穹蒼，地與天相比，不及蒼海之一粟。天與地之間的相似性太少，兩者之間的類推，很難得到正確的結果。

例三：儒者謂「日月之體皆圓。」王充則以類推法推知「日月不圓」，他說：

日月在天猶五星，五星猶列星，列星不圓，光耀若圓，去人遠也。何以明之？春秋之時，星霣宋都，就而視之，石也，不圓。以星不圓，知日月五星亦不圓也。

（〈說日篇〉）

日、月、五星、列星同屬於星之類。王充由隕星的形體不圓，推測日、月、五星的形體不圓。此例藉著人們可以察知的隕星形體，來類推高不可及的日、月、五星。以現代的天文知識來看，王充推論的結果是錯誤的。（註四十）造成這種錯誤的原因，除了類推法本身不具必然性外，主要還是受限於當時的觀測技術。因爲隕星與日、月、五星基本上很難歸爲同類，既不是同類，兩者

註四十：星體實際上雖非完全等同於圓球體，但接近圓球體與隕石相去甚遠。

的相似性不足，用類推法推論，當然容易產生錯誤的結果。

二、形式的類比

形式類比是根據兩個或兩類對象之間的因果關係；或規律性相似，所進行的類比推理。

(一)、因果關係

例四：東漢儒者論日月的運行說：「天左旋，日月之行，不繫於天，各自旋轉。」王充責難儒者的說法云：

使日月自行，不繫於天，日行一度，月行十三度。當日月出時，當進而東旋，何還始西轉？繫於天，隨天四時轉行也。其喻若蟻行於磑上，日月行遲，天行疾，天持日月轉，故日月實東行，而反西旋也。（〈說日篇〉）

螞蟻在旋轉中的石磨上行走；與日月於空中的運動有相類似的型態，將二者的相類點整理如下：

a、圓形的石磨（天圓）

b、石磨疾速向左旋轉（天疾速由東向西旋轉）

c、螞蟻行遲，比石磨旋轉的速度慢（日月運行遲，比天的運行速度慢）

d、觀察者看到蟻的轉動方向與石磨相同，但是實際上螞蟻自己的走向與石磨轉向相反。（觀察者看見日月運行的方向與天運行的方向相同，然實際上日月於黃道線上，由西向東行，太陽一天行一度，月球一天行十三度。）

e、石磨持蟻轉（？）

上表中的“？”是想要推求的論點，吾人可從兩者在規律形態的相類似點上推求出“？”中應填入“天持日月轉”的結論，以此結論可以有效的反駁「日月不繫於天」的看法。按造成「天左旋，日月轉西行」的關鍵因素在於地球的自轉與公轉，以今天的天文知識來考察儒者與王充的說法，兩者的觀點都大有問題。細究他們考察失實的原因，一方面是受當到時觀察技術不足的限制；一方面則是類推法本來就不是必然有效的推論，且類推法的其前提僅求類似，客觀性不足。

例五：世俗流傳說：「上世之人，侗長佼好，堅強老壽，百歲左右；下世之人，短小陋醜，夭折早死。」王充批評說：

如以上世人民，侗長佼好，堅強老壽，下世反此；則天地初立，始為人時，長可

如防風之君，色如宋朝，壽如彭祖乎？從當今至千世之後，人可長如荚英，色如嫫母，壽如朝生乎？（〈齊世篇〉）

王充姑且先肯定世俗的說法，再由上世至今世(東漢)，人們在體態、面貌、壽命等方面每況愈下的趨勢，上推在上世之前的天地之初，人類剛出現的時候，人們的身材個個像防風之君一般高大，面色像宋朝一樣美好，壽命像彭祖一樣長；依此趨勢，下推千年以後，人們可能只像荚英那樣高，像嫫母那樣醜，壽命像朝生夕落的木槿。王充利用上世、下世間的因果規律，「以往推來」、(〈問孔篇〉)「驗古以今」將世俗的說法，依時間的遞漸，推向荒謬的結果。

例六：世俗認爲「死人爲鬼，有知，能害人。」，王充則強烈主張「死人不爲鬼，無知，不能害人。」來和世俗的觀念相抗衡，並以物類的同一性，來批判世人的看法，他說：

何以驗之？驗之以物。人，物也；物，亦物也。物死不為鬼，人死何故獨能為鬼？（〈論死篇〉）

物與人同屬於萬物，故兩者具有類推的基礎。由物死不爲鬼的前提，推知人死後也不會變成鬼的結論。一般研究王充的學者，都將此例列爲定言三段論式（註四十一）；錯誤的分析，源於不明「物」字的語意所致。個人認爲「物死不爲鬼」之「物」字所指的是不包括人類的物類，所以「物死不爲鬼」之「物」與「人死何故獨能爲鬼」的「人」之間，並不存在相蘊涵的類屬關係。我們不能逕將此例分析爲「物死不爲鬼；人是物；所以人死不爲鬼。」的定言三段論。個人所持的理由如下：

甲：如果將「物死不爲鬼」之「物」字當成包含人的所有物類，則王充不應再強調「物，亦物也。」此句將成爲冗詞，而且很難解釋。

乙：從〈雷虛篇〉有一段與此例結構相似的語態也可推知，〈雷虛篇〉云：「人在天地之間，物也；物，亦物也。物之飲食，天不能知；人之飲食，天獨知之？萬物於天，皆子也。父母於子恩德一也，豈爲貴賢加意，賤愚不察乎？何其察人之明，省物之闇也。」從引文可知，「物之飲食，天不能知」之「物」字所指的是萬物中的愚者，「人之飲食，天獨知之？」之「人」字所指的是萬物之中的賢者。那麼前一句「人在天地之間，物也；物，亦物也。」可解釋成人在天地之間是屬於萬物之類，物(不包括人)也是屬於萬物之類。

註四十一：如曾漢塘〈試論王充論死〉，頁二〇五，《哲學年刊》，第十期，民國八十三年六月；謝朝清《王充治學方法》，頁一五〇。

(二)、比例關係

例七：宋景公時，熒惑守心，子韋告訴景公說：「君有三善，故有三賞，星必三徙。三徙行七星，星當一年，三七二十一，故君命當延二十一歲。臣請伏於殿下以伺之，星不徙，臣請死耳。」王充批判子韋的說法云：

> 以三善言獲二十一年，如有百善言，得千歲之壽乎？非天祐善之意，應誠為福之實也。……夫景公一坐有三善言，星徙三舍；如有十善言，星徙十舍乎？（〈變虛篇〉）

按子韋的說法，「三善言，延命二十一年」，善言與延命之間，是一比七的比例關係；王充依此關係類推百善言則延命千歲(取七百歲的概數)。子韋說：「三善言，星徙三舍」，善言與三舍間具有一比一的關係，王充則依照這種比例的關係，類推出十善言則星應會徙十舍。依此例，王充類推的目的，並不是爲了由已知探求未知；而是將原來的說法，類推至荒謬的結果，以否定原說。

例八：世俗認爲「死人有知，鬼神飲食，猶相賓客，賓客喜悅，報主人恩矣。」王充批判說：

中人之體七、八尺，身大四、五圍，食斗食，歠斗羹，乃能飽足，多者三、四斗。天地之廣大，以萬里數；圜丘之上，一繭栗牛，粢餄大羹，不過數斛；以此食天地，天地安能飽？天地用心，猶人用意也。人食不飽足，則怨主人，不報以德矣。必謂天地審能飽食，則夫古之郊者負天地。（〈祀義篇〉）

按一般人的身軀與飲食能力的比例，大約是體長七、八尺，身大四、五圍，食三、四斗的食物。祭天地的人要給天地飲食，天地的軀體萬里數，依比例來推算，可能需要千萬斗的食物，才能滿足天地的食欲。王充藉著推算的結果，來警告人們的祭祀，其實不能滿足天地的食欲，難以取悅天地，祈求天地降福的想法可能適得其反。王充著眼於論據前後項的比例關係，然計數時，僅取其概數，就批判的對象言，取其概數，已足以批判原論者的說法。不過王充以擬人化的思維方式來認知天地，表現出其幼稚的一面。

例九：傳曰：「子夏喪其子而喪其明，曾子弔之，哭。子夏曰：『天乎，予之無罪也！』曾子怒曰：『商，汝何無罪也？吾與汝事夫子於洙、泗之間，退而老西河之上，使西河之民疑汝於夫子，爾罪一也。喪爾親，使民未有異聞，爾罪二也。喪爾子，喪爾明，爾罪三也。而曰，汝何無罪歟？』子夏投其杖而拜，曰：『吾過矣！吾過矣！』離群而索居亦已久矣！」王充批判書傳的記載說：

且喪明之病，孰與被厲之病？喪明有三罪，披厲有十過乎？顏淵早夭，子路菹醢。早死、菹醢，極禍也。以喪明言之，顏淵、子路有百罪也。由此言之，曾子之言誤矣。（〈禍虛篇〉）

曾子追溯子夏喪明的原因，是因爲子夏曾犯了三件錯誤，王充依據曾子的說法進一步推論"喪明：三罪→披厲：十罪→早夭、菹醢：百罪"，即所犯的錯誤愈多，遭受到的病痛愈嚴重。考察《論語》的記載，顏淵、子路並無犯百罪的事實，所以歸謬"有三罪造成喪明"的不實說法。依此例，王充先將曾子的說法類推到荒謬的結果，再運用演繹法，歸謬原來的論點。

三、差級類比

類比推理一是由此一界比另一界，我們稱爲等級類比；另一是由低級證高級，或由高級證低級，稱爲差級類比。類推的過程中，對於被推論的兩類或兩個個體間，因其證據力的不同，使兩個對象不能立於同等的地位。如聖人之類與愚人之類不同類，不能類推；然聖人與愚人同屬人類，同類又可類推，不過於類推的過程中，不能忽略同類的底下有等差之別。這類等差，王充或稱尊卑、或稱輕重、或稱大小，王充說：「占大以小，明物事之喻，足以審天。」（〈譴告篇〉），以小占大，可說是一種由低級證高級的類比方式；然有些類比卻只能由高級證低級，不能由低級證高級，「大可以況小，小難以況大。」（〈書虛篇〉），如同牛刀、雞刀同屬刀類，但「牛刀可以割雞，雞刀難以屠牛。」（〈程材篇〉）

(二)、高級證低級

例十：傳書曰：「魯陽公與韓戰，戰酣日暮，公援戈而麾之，日爲之反三舍。」王充認爲這是一種失實的說法，且以聖人來類推陽公不能使「日爲之反三舍」，他說：

> 使聖人麾日，日終不反，陽公何人？（註四十二）而使日反乎？……且日，火也。聖人麾火，終不能卻；陽公麾日，安能使反？（〈感虛篇〉）

註四十二：原文「襄公何人？」孫人和曰：「魯襄公本作魯陽公，與《淮南子・覽冥篇》、顏師古《漢書・地理志》注並合，今作襄者，音近之誤也。」今依孫氏說法校改。

聖人德操高於魯陽公，以聖人的德操，仍然無法使太陽退後三舍；依此類推，魯陽公德劣於聖人，更不能使太陽後退三舍。聖人與諸侯王同是人類，然在德行上卻有等級的不同，王充以聖人德操之”高“仍無法感天爲論據，類推陽公德操之”低“，更是不能感天，此例是以高級證低級的類推法。

例十一：傳書云：「鄒衍無罪，見拘於燕，當夏五月，仰天而嘆，天爲隕霜。」王充質疑儒書的記載云：

夫萬人舉口，並解吁嗟，猶未能感天；鄒衍一人，冤而壹歎，安能下霜？（〈感虛篇〉）

王充以萬人呼天搶地，仍不能使天霜降；類推鄒衍一人之歎，更不能感天下霜。萬人吁歎之重勝一人之輕，以多明少，論證傳書的說法失實。

例十二：傳書言：「燕太子丹朝於秦，不得去，從秦王求歸。秦王執留之，與之誓曰：『使日再中，天雨粟，令烏白頭，馬生角，廚門木象生肉足，乃得歸。』當此之時，天地祐之，日爲再中，天雨粟，烏頭白，馬生角，廚門木象生肉足。秦王以爲聖，乃歸之。」對於儒書的記載，王充批判說：

燕太子丹何人，而能動天？聖人之拘，不能動天；太子丹賢者也，何能致此！（〈感虛篇〉）

王充歸納湯、文王、孔子等聖人困拘，不能動天；推論太子丹只能算是賢人，實不足以感動上天。

案王充認為聖賢同為道德智能的類稱，「夫聖賢者，道德智能之號。」（〈知實篇〉）所以聖與賢在本質上並無不同，「夫聖猶賢也，人之殊者謂之聖，則聖賢差小大之稱，非絕殊之名。」（〈知實篇〉）聖賢的分別，就在於德業與才智上，量的大小多少。聖人德智多於賢人，聖人做不到的事，當可推論賢人亦無力為之。

例十三：世謂死人有知，王充批判說：

夫臥，精氣尚在，形體尚全，猶無所知，況死人精神消亡，形體朽敗乎？（〈論死篇〉）

睡臥的人尚存有精氣與形體，仍然無所知；依此類推，死去的人已無精氣與形體，更不可能有知覺的存在。在知覺的能力上"睡臥的人"勝過"死去的人"，連睡臥的人都沒有知覺，何況是死去的人。此例是以高級證低級的類推法。不過在運用上亦有可議之處，因為精氣尚存與精氣全失，已經是由量變轉為質變，在性質上是"有無之別"非"等差之稱"。

(二)、低級證高級

例十四：傳書言：「湯遭七年旱，以身禱於桑林，自責以六過，天乃雨。」王充批判說：

然則天地之有水旱，猶人之有疾病也。疾病不可以自責除，水旱不可以禱謝去，明矣。(〈感虛篇〉)

水旱與疾病同是凶災。王充以人罹患疾病，不能用自責來解除；類推水旱災也不能用祈禱的方法免除。以人細小身軀的情況，來推類廣闊無邊的天地，可謂是"以小占大"的類推法。

例十五：儒書稱：「聖人憂世，深思事勤，愁擾精神，感動形體，故稱堯若腊，舜若腒，桀、紂之君垂腴尺餘。」王充批判說：

齊桓公云：「寡人未得仲父極難，既得仲父甚易。」桓公不及堯、舜；仲父不及

> 禹、契。桓公猶易，堯、舜反難乎？以桓公得管仲易，知堯、舜得禹、契不難。夫易則少憂；少憂則不愁；不愁則身體不臞。（〈語增篇〉）

管仲的才能比不上禹、契。才智低於堯、舜的桓公得到才低智於禹、契的管仲協助後，治理國家甚易；以此類推，才智高超的堯、舜得到才智高超的禹、契協助後，在治理國事上應不困難。儒書上說堯、舜愁擾事勤，身體臞腒，是不實的說法。按此例，王充是以小才的境況，來類推出大才的境況，是以低級證高級的類推法。

例十六：變復之家宣稱，天會譴告人君，且依據人道來類推他們的說法，「人道，君譴告臣，上天譴告君也。」王充批判說

> 萬石君子有過，不言，對案不食，至優之驗也。夫人之優者猶能不言，皇天德大，而乃謂之譴告乎！（〈自然篇〉）

據《漢書．石奮傳》記載：「孝景季年，萬石君以上大夫祿歸老于家。……子孫有過失，不誚讓，爲便坐，對案不食；然後諸子相責，因長老肉袒，固謝之，改之，乃許。」德性崇高的人，對於子孫有過錯，仍能以「不言」來應對；依此類推，皇天遠比具崇高德性的人類更偉大，也應該會

以「不言」來對待君王，所以君有過，皇天會給予譴責告誡的說法，是不妥當的。此例仍是以人道類推天道的類推法，人道與天道之間存有差級，前者偏向現實面，後者往往是所有理想面的歸處，所以此例是以低級證高級的類推法。

綜合上例，王充在類推法的運用上，除了著眼於個別物類間的性質、因果關係、比例關係外，也運用了質或量上等級的不同，做爲推衍的基礎。至於在批判上，王充運用類推法，將原論題推向過度誇張或不可能，使人們認清原論題荒謬的一面，達到批判的目的。較嚴謹的類比推理，須先做兩物類間在屬性上的比對，由某些已知屬性上的相似性，來推知某一未知屬性，但王充論文很少做這種比對的功夫。王充所取的類比項之間，基本上是先具"同類"的關係，兩者可能同爲"人"、"聖人"、"動物"、"星體"、"物"…等，類的相同，暗示兩者之間有許多相似性（註四十三），再由同屬同類個別甲推知個別乙，如果類推項同屬的類愈小，則所得的結果可能愈精確。然王充往往將所有的事物視爲物類，如此任何事物都可歸爲同類，天下之物皆可類推，使得《論衡》一書充斥著"動物與聖人"、"無生物與有生物"、"植物與動物"、"天、地與人"之間無窮的推論；「比不應事，未可謂喻」（〈物勢〉），肆無忌憚的運用類推法，將使類

註四十三：如〈言毒篇〉云：「魚與鳥同類；故鳥蜚魚亦飛，鳥卵魚亦卵。蝮蛇降蠣皆卵，同性類也。」

推的結果更加的悖離事實。

本章結語：

有關王充推論方法的運用計有歸納法、定言三段論推理、假言推理、兩難推理和類比推理。在歸納法方面，其特色是不厭其煩的多舉事例，且吻合因果求同、因果共變的推論方法；在定言三段論式的運用方面，例證較少且不甚成熟；在假言推理方面，王充慣用歸謬式來否證虛妄的說法，偶會攙雜無效論式，雖然無效仍具啓發性，至於假言推理連鎖因符合中國語文的特性，王充在運用上亦具特色；在兩難論式的運用方面，從先秦至王充爲止，廣爲運用在言辯方法上，可惜並無相關理論的建立，王充較常使用的是簡單建設式，及複合式，破壞式較少見；在類比推理的運用方面，王充著眼於性質、因果、比例、差級關係的類比，多樣且靈活，但左右逢源，不斷擴張的結果，往往造成異類間的推衍，和過於主觀的謬誤。面對「耳目所及」的問題，人們只要引用客觀的觀察，即可辨明真僞；但對於耳目所不能及，或耳目可及，但易受到干擾產生誤判的問題，如虛無的鬼神、高遠的星象，則有賴人們運用理性思維來辯說。王充運用理性推論論證，其批判的對象，亦大部分集中在耳目所難以企及的事物上。王充在理性思維的運用上是豐富的，雖然略見謬誤，但是如果不以凡推論一定要合乎邏輯之必然性爲標準來評判，王充以推論爲基礎的批判方法，大體上是相當成功且具說服力。

第四章　以剖析謬誤駁斥虛說

「所謂的謬誤，簡單的說，就是錯誤。只要在推理思考上有可能導致偏差、誤導或錯誤，我們都可稱之爲一種謬誤。」（註一）批判敵對論題，如果僅引事實核驗；或據原論點推論；或另立相對論點推論，有時仍不足以指出敵論的瑕疵。如果能進一步直指敵論所犯的謬誤，也是可採行的方法之一。關於謬誤的問題在「我國古代學者中，沒有人十分系統和深入地研究邏輯謬誤問題，比較多涉及并討論過謬誤問題的學者和學派，主要有墨家學派、荀況、王充。」（註二）王充指出世俗的觀念「多似是而非，虛僞類真。」（〈死僞篇〉）因爲理論或觀念，往往被「似是」與「類真」所包裝，雖然「事相似類，其實非也。」（〈指瑞篇〉）又因一般人對謬誤的辨認能力不足，所以虛妄的說法得以流傳。「決錯謬之言，定紛亂之事，唯賢聖之人爲能任之。」（〈定賢篇〉）王充以聖賢之業爲己任，藉著指出謬誤的方式，使「外聞若是，內實不然。」（〈譴告篇〉）的謬論，現出原形，讓世人能「一疑而倍之。」（〈譏日篇〉），重新導正學術的方向。

註一：引自林照田、曾漢塘合著《理則學》，頁二二七。
註二：引自朱志凱《邏輯與方法》，頁二〇六。

第一節　不一致的謬誤

所謂不一致的謬誤，是我們以「矛盾的前提做論證；或爲矛盾的結論做論證。」（註三）如此就犯了不一致的謬誤。一種思想，尤其是系統的思想，其組成的各個部分，不應該有互相矛盾的現象。雖然有時只是部分的內容自相矛盾，但部份的矛盾卻可能造成整個系統思想的缺陷，甚至崩潰；如同一部機器的某一齒輪的轉向設計，與正常機械運轉的原理相反，可能會減損這部機器的整體效能，或完全喪失運轉的功能，因此「批判對方思想，從邏輯上著眼去找尋矛盾，是一個辦法。」（註四）

內容具有矛盾的思想，我們說此一思想犯了不一致的謬誤。然在什麼情況下，方可稱爲矛盾；即「任何一項a不能既是a而又不是a，如有a並且非a之現象，即爲自相矛論。因爲a與非a不能同真，不能同假。有一真，另一必假；有一假，另一必真。」（註五）我國先秦時代對於矛盾

註三：引自劉福增《邏輯與哲學》，頁四○○。
註四：引自任卓宣《思想方法論》，頁三九二。
註五：引自曹春秀《先秦典籍中演繹邏輯之運用》，頁二五。

的論題已有初步的認識，《韓非子》云：「然則無功而受事，無爵而顯榮，爲有政如此，則國必亂，主必危矣。故不相容之事，不兩立。」（註六）就語言上「無功」與「受事」或「無爵」與「顯榮」，兩者之間主體不同，並不存在互斥或同時成立的問題。然就《韓非子》一貫的主張，無功是「不應受事」而今「受事」；無爵是「不應顯榮」而今「顯榮」，兩者是不相容之事，不能同時成立，君主將二者兼容在一起，產生政策上的矛盾，可能使國家導向危亡之境。韓非子的矛盾思維與邏輯學上的矛盾義並不完全吻合，他所舉的例證，需進一步推論或引申，方可看出其中的矛盾。

王充批評聖賢的言論「上下多相違，其文前後多相伐者。」（〈問孔篇〉）言談上的矛盾，使人們不知聖人的真正旨意爲何？（註七）不一致的現象，除了存在於聖賢的言論外，流傳的書籍及世俗的觀念，亦充滿了矛盾，「是以文二傳而不定，世兩言而無主。」（〈說日篇〉）不能同時成立的兩言或兩傳，同時在世上散播，使是非不定，人們無所是從，如此虛妄的說法，將有機會凌駕儒雅的真言。

例一：孔子說：「賜不受命而貨殖焉，億則屢中。」王充批判孔子對子貢的稱述說：

註六：引自陳奇猶校注《韓非子集釋》，卷十九，頁一〇五八。
註七：〈正說篇〉云：「二者相伐而立其義，聖人之意何定哉？」

夫人富貴在天命乎？在人知也？如在天命，術知求之不能得（註八）；如在人，孔子何為言「死生有命，富貴在天」？夫謂富不受命而自知術得之，貴亦可不受命而自以努力求之。世無不受貴命而自得貴，亦知無不受富命而自得富者。成事：孔子不得富貴矣，周流應聘，行說諸侯，智窮策困，還定《詩》、《書》，望絕無冀（註九），稱「已矣夫」。自知無貴命，周流無補益也。孔子知已不受貴命，周流求之不能得，而謂賜不受富命，而以術知得富，言行相違，未曉其故。〈問孔篇〉

就現代邏輯的觀點，前日之所言，和今日之所行，不是在同一時間點上發生，兩者之間並無矛盾的問題。然王充認爲，孔子自知無貴命，停止周流各國的行動，是肯定「富貴在天」之「行」；稱述子貢不受上天安排富貴之命，以術知求得財富，是否定「富貴在天」之「言」。孔子的言談與舉動不一致，「言行相違」的結果，將使人不知道孔子的真正意向，因爲一個人的外在言、行同出於

註八：原文「知術求之不能得」。劉盼遂注曰「知術當正爲術知」，今依劉氏之注文校改。
註九：原文「絕望無異」。劉盼遂注曰：「異爲冀之壞字。」今依劉氏說法校改。

內心的意向。（註十）由孔子言、行上的表現，推知孔子的〝意向顯然是相違反的〞。王充對孔子的批評看似有理，然亦有不同的看法。綜合近人對王充批判孔子之再批判，分述如下：

1、孔子周流各國，志欲行道，並非求富貴。富貴之事任由天命，無須強求；但對於行道卻是要義無反顧，「知其不可為而為之」（《論語‧憲問》），所以孔子否定「富貴在天」之「言」，與「志欲行道，周流各國，絕忘無冀，停止周流」之「行」，兩者之間並不相干，不存在「言行相違」的問題。

2、孔子雖言「富貴在天」，並不意味著孔子是徹底的命定論者。盡人事然後聽天命，人為的努力或可突破天命的安排，不能無所做為，徒然等待上天的賜予。「富與貴是人之所欲，不以其道得之，不處也。」（《論語‧里仁篇》），不偷不搶，以其道得富貴，是孔子所贊同的。王充於〈率性篇〉中也有類似的說法：「賜不受命而貨殖焉，賜本不受天之富命所加，貨財積聚，得貨殖之術也。夫得其術雖不受命，由自益饒富；性惡之人，亦不稟天善性，得聖人之教，志行變化。」所以稱述賜能以智術得富貴，並不全然違背「富貴在天」的說法。

3、〈先進篇〉原文：子曰：「回也，其庶乎！屢空。賜不受命，而貨殖焉，億則屢中。」不受

註十：〈變虛篇〉云：「善行動於心，善言出於意。同由共本，一氣不異。」；〈應是篇〉云：「有求貴賤之心，必有二價之語。」

命之命，鄭玄注：「賜不受教命，唯財貨是殖。」，命是「教命」之義，與富貴在天之「天命」無涉。（註十一）

例二：韓非子評論儒者，稱儒者「不耕而食，比之於一蠹。論有益與無益也，比之於鹿、馬。馬之似鹿者千金，天下有千金之馬，無千金之鹿，鹿無益，馬有用也。儒者猶鹿，有用之吏猶馬也。」王充反駁韓非子的評論說：

> 使韓子不冠，徒履而朝，吾將聽其言也；加冠於首而立於朝，受無益之服，增無益之行（註十二），言與服相違，行與術相反，吾是以非其言而不用其法也。……禮義不如飲食；使韓子賜食君父之前，不拜而用，肯為之乎？夫拜謁禮義之效，無益身之實也；然而韓子終不失者，不廢禮義以苟益也。（〈非韓篇〉）

韓非子批評儒者的思想無益於治國。王充則舉韓非子在實際的行動上，穿戴無益的服飾和行無益的拜謁之禮。言儒者的說法無益，行動上卻不去無益的服飾拜謁，韓非子「言與服相反，行與術

註十一：以上分別參考任卓宣〈王充底問孔、刺孟述評〉，頁二四二，《銘傳學報》；林惠勝〈王充之問孔研究－兼談儒學之現代化〉，頁二八九，《臺南師院學報》，第二十二期，民國七十八年。

註十二：原文「增無益之仕」劉盼遂注云：「仕為行之誤」，今據此校改。

相反」。依此例，王充之批評亦有可議之處。孔子曰：「禮云！禮云！玉帛云乎哉？」（《論語・陽貨》），玉帛是禮的表現，並不是禮的本身；同樣的，韓非子遵守朝服與跪拜之禮，是否等於服膺儒家的禮義觀？又服儀跪拜只是禮義的部分實踐，認同部分，也不等於肯定全體。

例三：對於〝魯繆公問於子思曰：「吾聞龐攔是子不孝，不孝其行奚如？」子思對曰：「君子尊賢以崇德，舉善以勸民。若夫過行，是細人之所識也，臣不知也。」子思出，子服厲伯見。君問龐攔是子，子服厲伯對以其過，皆君子所未曾聞。自是之後，君貴子思而賤子服厲伯。〞韓非子聽到這件事後，認為繆公的做法失當，其理由是「明君求姦而誅之，子思不以姦聞，而厲伯以姦對，厲伯宜貴，子思宜賤」，王充批判韓非子的觀點說：

韓子曰：「布帛尋常，庸人不釋；爍金百鎰，盜蹠不搏。」（註十三）以此言之，法明，民不敢犯也。設明法於邦，有盜賊之心，不敢犯矣；不測之旨（註十四），不敢發矣。姦心藏於胸中，不敢以犯罪法，明法恐之也（註十五）。明法恐之，則

註十三：原文「布帛尋常，庸人不擇」劉盼遂引孫詒讓注曰：「案《韓子・五蠹》擇作釋。」今依孫氏說法校改。

註十四：原文「不測之者」劉盼遂注曰：「者疑為旨之訛」今依劉氏說法校改。

註十五：原文「罪法恐之」劉盼遂云：「次罪法當是明法。」今依劉氏說法校改。

不須考姦求邪於下矣。使法峻，民無姦者；使法不峻，民多為姦。而不言明王之嚴刑峻法，而云求姦而誅之。言求姦，是法不峻，民或犯之也。世不專意於明法，而專心求姦，韓子之言，與法相違。（〈非韓篇〉）

王充截取「布帛尋常，庸人不釋；爍金百鎰，盜蹠不搏。」的語意，以爲只要法律嚴峻明確，就能嚇阻人民犯罪；所以只要法律嚴峻，考求姦邪是多餘的舉動。韓非子對於「龐擱是子不孝」一事，卻肯定厲伯，批評繆公及子思不求姦的做法，韓非子肯定「專心求姦」的做法，顯然違背明法的精神。不過王充此一批判亦犯了斷章取義的謬誤，案《韓非子・五蠹篇》云：「今有不才之子，父母怒之，弗爲之改；鄉人譙之，弗爲之動；師長教之，弗爲變……州部之吏，推公法而求索姦人，然後恐懼，變其節，易其行矣。……故明主峭其法而嚴其刑也。布帛尋常，庸人不釋；鑠金百鎰，盜蹠不掇。不必害則不釋尋常，必害手則不掇百鎰，故明主必其誅也。……罰莫如重而必，使民畏之；法莫如一而固，使民知之。故主施賞不遷，行誅無赦。譽輔其賞，毀隨其罰，則賢不肖俱盡其力矣。」韓非子主張明法必須輔以信賞必罰，不能讓人心存僥倖，因爲僅講求明法，仍不足以威嚇人民；必罰才是造成人民恐懼的主因。就韓非子的理論，明法與專意求姦之間，相輔不悖。王充偏取韓非子理論之一隅，就自己主觀的認知批判「韓非子肯定厲伯求姦與明法之間是相違背的」，實有失公允。

例四：孟子稱說：「彼一時也，此一時也。五百年必有王者興，其間必有名世者矣。由周以來，七百餘歲矣。以其數，則過矣；以其時考之，則可矣。夫天未欲平治天下乎？如欲平治天下，當今之世，舍我而誰也？吾何為不豫哉！」王充批判說：

「自周以來，七百餘歲矣。以其數，則過矣；以其時考之，則可矣。」何謂數過？何謂時可乎（註十六）？數則時，時則數矣。數過，過五百年也。從周到今，七百餘歲，踰二百歲矣。設或王者生，失時矣，又言時可」，何謂也？（〈刺孟篇〉）

王充首先肯定數與時在意義上等值。孟子同時言「數已過」，又說「時可」；孟子的論說產生〝當今「失時」，錯失產生聖人的時機〞與〝當今「時可」產生聖王〞的矛盾。按此例對於〝數〞的意義較明確，朱熹注：「數，謂五百年之期。」所以數是指五百年週期；然對於〝時〞的訓釋，因原文文意模糊，後人的理解也不同。王充以數與時同義，朱熹則將〝時〞解釋為〝時勢〞義，他說「亂極思治，可以有為之日。於是而不得一有所為，此孟子之所以不能不豫也。」依朱熹的解釋，「數過」與正值可施展抱負的「時勢」並不抵觸。趙岐注：「孟子自謂能當名世之士，時又值之，

註十六：孫人和云：「案〝可〞字上脫〝時〞字」，今依孫氏說法補之。見《論衡舉正》，頁三九。

而不得施；此乃天自未欲平治天下耳，非我之愆。我固不怨天，何爲不悅豫乎？」（註十七）孟子說其間必有名世者，如果將〞間〝解釋成五百年週期的中間。（註十八）孟子所值之時，剛好是超過上次周期二百餘歲，勉強可算其間。所以如我們將〞時〝解釋成〞五百年週期的中間〝，且孟子以名士自居，則孟子的說法不無不妥當的地方。依此例，王充逕將〞數、時〝視爲同義，亦有曲解語義之嫌。

例五：世俗之人將雷人格化，王充提出以下的批評：

且說雷之家，謂雷天怒呴吁也；圖雷之家，謂之雷公怒引連鼓也。審如說雷之家，則圖雷之家非；審如圖雷之家，則說雷之家誤。二家相違也，并而是之，無是非之分。無是非之分，故無是非之實。無以定疑論，故虛妄之論勝也。（〈雷虛篇〉）

王充認爲，圖雷之家與說雷之家對於雷的說法是相違背的，肯定某一家的說法，必否定另一家的說法。本來不同的個人或學派容許有不同的思想，然世俗之人同時相信這兩種互斥的觀念，顯示

註十七：漢趙歧《孟子趙注・公孫丑》，卷四，頁四二。

註十八：案王充對〞其間〝的語意也提出同樣的懷疑云：「何爲言『其間』？如不謂五百年時，謂其中間乎？是謂二、三百年之時也。」

世俗之人，對是非的判斷能力不足和觀念的矛盾。按此例，二家之說，肯定其一，就否定另一，一是一非，即「不能同真，必有一假。」出現矛盾的地方並不是二家之說（註十九）而是兩家的論點上不能同真，但世人在認知上卻「并而是之」，即犯了不能「同真」且「同真」的矛盾。

例六：王充雖稱頌太史公是漢代實事之人、通人，但他本著「去僞存真」的態度，對於《史記》的缺失，亦有所批評。他說：

〈三代世表〉言五帝、三王，皆黃帝子孫，自黃帝轉相生，不更稟氣於天；作〈殷本紀〉，言契母簡狄浴於川，遇玄鳥墜卵，吞之，遂生契焉；及〈周本紀〉，言后稷之母姜嫄野出，見大人跡，履之，則妊身，生后稷焉。夫觀〈世表〉，則契與后稷，黃帝之子孫也；讀殷、周〈本紀〉，則玄鳥、大人之精氣也。二者不可兩傳，而太史公兼記不別。（〈案書篇〉）

案〈三代世表〉與〈本紀〉對於殷周始祖的誕生說法不同，兩種說法不可能同時成立，至少有一

註十九：雷是天怒呴吁所造成的，和雷是雷公怒引連鼓所造成的，二說之間並未窮盡，所以兩說有可能同假，此例是反對論題，非矛盾論題。

種說法爲非，太史公卻兼記不別，同時肯定兩種說法，前後矛盾，如此「兩紀」將使「世人疑惑，不知所從」。王充以不能定實的角度來評判太史公，所以有以上的看法。然就是因爲太史公不能定疑，不敢妄下斷語，所以兩疑並存。楊家駱〈史記釋例〉云：「史貴徵實，而於兩說之疑而不能決者，則兩存之，蓋其慎也。史公書內，此例頗多，苟不明此，則多誤以爲牴牾，而失史公兩存之本意矣。」（註二十）王充的評斷，正是不明太史公兩存之本意所做的苛責。

例七：世俗傳言「紂力能索鐵伸鉤，又稱武王伐之，兵不血刃。」王充批評世俗的傳言說：

> **夫以索鐵伸鉤之力當人，則是孟賁、夏育之匹也；以不血刃之德取人，則是三皇、五帝之屬也。以索鐵之力，不宜受服；以不血刃之德，不宜頓兵。今稱紂力，則武王德貶；譽武王，則紂力少。索鐵、不血刃，不得兩立；殷、周之稱，不得二全。不得兩全，則必一非。**（〈語增篇〉）

世俗同時稱說「紂王鐵索伸鉤」且云「武王伐之，兵不血刃」。王充認爲二者不能同時成立，且提出兩者是「不得兩全，則必一非」的反對命題，兩者不能同真，世俗之人卻同時肯定兩者，因而

註二十：引自楊家駱《新校本史記三家注・史記釋例》一、兩存傳疑例，頁二。

產生矛盾。矛盾律要求在同一思維的過程中，對同一對象，不能做出既肯定又否定的矛盾論斷，王充指出世俗觀念中的矛盾。不過僅就「紂王鐵索伸鉤」與「武王伐之，兵不血刃」之間，所敘的對象不同，兩命題之間並非矛盾關係。王充是就語句的經驗推論，將二者導向矛盾。以現代符號邏輯來解析，更能清楚的看出其中的矛盾，如（註二十一），所以原命題犯了不一致的謬誤。然

註二十一：紂王力多（紂王鐵索伸鉤）以符號p代表，紂王力少以符號～p代表

武王德多（武王伐之兵不血刃）以符號r代表，武王德貶以符號～r代表

1　$(p \to \sim r) \cdot (r \to \sim p)$

2　$p \cdot r$

3　$p \to \sim r$　（1 Simp）

4　p　（2 Simp）

5　$\sim r$　（3，4MP）

6　$r \to \sim p$　（1 Simp）

7　r　（2 Simp）

8　$\sim p$　（6，7 MP）

$\therefore p \cdot \sim p$　（4，8Conj）

王充就經驗上推論「今稱紂力，則武王德貶；譽武王，則紂力少。」亦大有問題，因為兩軍爭鋒，並非君王間的單打獨鬥。且原論者的用意，本不在於描繪歷史事實，而是對周武王的歌功頌德，言語上難免誇張，王充以文如其實的立場來批判，當然處處發現問題。

綜合上例，王充分析聖賢的言與言、行、術、法、服等相違背；書籍對同一事例的說法不同；世俗認同的觀念、存在著矛盾，使世人認清虛妄的說法是部分虛假或全假，來達到批判的目的。

就現代邏輯來分析，某一個體在不同的時間，面對不同的對象，假使今日之言與昨日之行雖相違背，如此的言、行並不構成矛盾。然而如果將個體視為一個整體，言、行表現出個體一貫的意向，前、後的言談相違，或言、行不一，表現出個體所堅持的意向可能已經改變或具矛盾。就例一至例四的分析，聖賢的意向出現「富貴在天且不在天」、「以儒者為有益且無益」、「不用考求姦邪且考求姦邪」、「時可且時不可」的矛盾。兩種相互牴觸的觀念或記載，如果不是以a與非a的命題出現，那麼很可能二者只是反對命題，兩判斷並未構成矛盾。反對命題「一是則一非，不能同真，但可同假。」反對命題並不存在謬誤的問題，然如果將「二家相違，卻并而是之。」、「不

從上面推式的結論，得出矛盾的命題（p・～p）
（以上推論方式參考 劉福增《邏輯與哲學・第四章證明》）

可兩傳，卻兼記不別。」、「不得兩全，卻同時併稱。」如此將出現不能同真且同真的矛盾。（參考註二十一的推論可知）從例五至例七所見，不管是世俗的觀念或史官的記載，都有可能存在此種矛盾而不自覺。

王充剖析矛盾論題看似混雜，然從以上的分析可知，王充自有一套思維規律貫穿其間。論定內容是否相違背，首要的前提是對語義的精確解釋，和經驗的正確解析，在這一方面王充又顯得過於主觀且武斷。

第二節　因果關係的誤認

原因可以界說為引起某種現象的現象，結果則是被某種現象所引起的現象；所以所謂的"因果關係"就是事物之間的引起與被引起的關係。人們依據經驗來判定因果關係，並非易事，因為世界上的事物普遍聯繫。一件事可能是由多種原因所共同造成的；追溯事物的來由，可能有"遠因"有"近因"；亞里斯多德更將原因細分成質料因、形式因、促成因、工具因、模型因及目的

因（註二十二）。除此，有些事物之間"互爲因果"，實在很難斷定誰爲因？誰爲果？（註二十三）

批判虛妄的思想，如能指出原論者在事物的關係上判斷錯誤，則可否定原論的合理性。邏輯上將這種把非原因的事實，來作爲某事實的原因，而事實上他們之間絲毫沒有因果關係的謬誤，稱爲僞因謬誤。造成這種謬誤可能是時間性的；或是環境的；也可能是條件的。（註二十四）王充說：「事以類，而時相因，聞見之者，或而然之。」（註二十五）依王充之意，事類的相似與時間的接近是造成誤判因果的主要原因。「外若相應，其實偶然」（〈寒溫篇〉）僅從外貌看似相應的

註二十二：質料因是「事物由它構成之後，仍繼續存在於該物內者。」

形式因是「限定與確定質料因的根由：凡沒有限定，但能接受限定之物，都是質料因；與它對立及限定它的因素，則稱爲形式因。」

促成因是「首先產生動的根源，任何變動之前，必先有目的，否則就無法發生，但是目的必須先藉著促成者的動作，才能達到。」

工具因「也叫次要促成因，或爲達到目的之方法，是被主要促成因所利用以完成其目的。如我用筆寫字，我就是主要促成因，筆則是工具因。」

模型因是「一種模型或藍圖，製造者按它產生自己的作品。」

目的因意指「任何東西都要尋求與獲得自己所缺少及所需要之物，此即各物的目的因。」

（以上引自曾仰如《十大哲學問題之探微》，頁三五一-三五九。）

註二十三：以上參考曾仰如《十大哲學問題之探微》，頁三四七-三六一。

註二十四：參考宋稚青《邏輯與科學方法》，頁二七二。

註二十五：引自〈變動篇〉。這句話的意思依袁華忠、方家常解釋爲：「兩件事同屬一類，發生的時間又恰巧相連，聽到的人，有的因此也就相信兩者真有因果關係了。」

兩事物，未必真有因果關係。

例一：傳書說：「湯遭七年旱，以身禱於桑林，自責以六過，天乃雨。」王充批駁說：

除湛不以禱祈，除旱亦宜如之。由此言之，湯之禱祈不能得。或時旱久，時當自雨，湯以旱久，亦適自責，世人見雨之下，隨湯自責而至，則謂湯以禱祈得雨矣。

（〈感虛篇〉）

王充首先以經驗推論禱祈不能得雨，即湯的禱祈與得雨之間，並無因果關係。世人誤判"祈禱得雨"是因爲湯禱祈自責後，隨即下雨。旱久自雨，本是自然現象，然因祈禱與自雨之間，時空過於接近，使世人誤認兩者具有因果的聯係。

例二：談論寒溫的變復之家說：「人君喜則溫，怒則寒。何則？喜怒發於胸中，然後行出於外，外成賞罰。賞罰，喜怒之效。」王充批駁說：

失火河決之時，不寒不溫；然則寒溫之至，殆非政治所致。然而寒溫之至，遭與賞罰同時，變復之家，因緣名之矣。（〈寒溫篇〉）

王充先以失火河決的事實，推論氣候的寒溫變化與政治無關。變復之家誤解兩者之間的因果關聯，是因爲寒溫的變化剛好與人君的賞罰同時出現，故將本是自然的溫度變化，說成是因爲人君的喜賞怒罰所引起。

例三：變復之家稱「蟲食穀，部吏所致。」王充批判云：

天道自然，吉凶偶會，非常之蟲適生，貪吏遭署；人察貪吏之操，又見災蟲之生，則謂部吏之所為致也。（〈商蟲篇〉）

事物間的偶會，本屬自然現象。非常之蟲造成災害時，貪吏正好在那裡做官；或人們考察貪污官吏的行爲，又發現災蟲產生。於是將二者聯想在一起，誤解兩者之間具有因果關係。

例四：有人以「楚成王廢太子商臣，欲立王子職。商臣聞之，以宮甲圍王。……王縊而死。謚之曰：『靈』，不瞑；曰：『成』，乃瞑。」證明人死有知的論點。王充駁斥說：

成王於時縊死，氣尚盛，新絕，目尚開，因謚曰：「靈」；少久氣衰，目適欲瞑，

連更曰：「成」。目之視瞑，與謚之為「靈」、「成」，（註二十六）偶應也。時人見其應「成」乃瞑，則謂成王之魂有所知，有所知則宜終不瞑也。（註二十七）（〈死僞篇〉）

將楚成王謚號改爲「成」後，新死的成王隨即闔上眼睛。楚成王闔上眼睛，是人死後殘留的氣逐漸衰竭的結果，這是一種自然的現象，與楚成王的謚號由「靈」改爲「成」之間，並無必然的因果關係。人們的誤判，係因兩者在時空上過於接近，所造成的誤解。

例五：彭更問孟子：「士無事而食，可乎？」……孟子答以「有人於此，毀瓦畫墁，其志將以求食也，則子食之乎？」彭更說：「否」，孟子接著說：「然則子非食志，食功也。」對於此事，王充批判說：

夫孟子引毀瓦畫墁者，欲以詰彭更之言也。知毀瓦畫墁無功而有志，彭更必不食也。雖然，引毀瓦畫墁，非所以詰彭更也。何則？諸志欲求食者，毀瓦畫墁者不

註二十六：原文「與謚之爲靈」劉盼遂注曰：「當是謚爲靈、成偶應也。」今依劉氏說法補入「成」字。
註二十七：原文後無「有所知」三字，今依劉盼遂意補入。

在其中；不在其中，則難以詰人矣。夫人無故毀瓦畫墁，此不癡狂則遨戲也。癡狂之人志不求食；遨戲之人亦不求食。求食者，皆多人所共得利之事（註二十八）；以作此鬻賣於市，得賈以歸，乃得食焉。今毀瓦畫墁，無利於人，何志之有？（〈刺孟篇〉）

孟子以有「欲求食者，毀瓦畫墁，人將不食之。」爲論據，說明給儒者食祿，是「食其功，非食其志」。王充則以事實論證想要求食的人，並不會以「毀壞屋瓦，割開車蓋」來滿足求食的動機；毀瓦畫墁的人，也絕對沒有求食的念頭；即求食的動機與毀瓦畫墁的行爲之間，無任何的因果關聯。孟子所舉的設問與一般的經驗不符，所以"儒者食功"之說，也難以讓人信服。

綜合上例可知，有鬼論者或變復之家，常將自然或人事上的巧合，聯想成具有因果的相應關係。王充則指出，它們只是在空間上接近，時間上伴隨而出的兩件事，兩者之間是自然的偶應，不具必然的因果關係。此外，假設性的例證，也要符合一般的經驗，不能以無因果關係的事例，

註二十八：原文是「皆多人所不利之事」，劉盼遂引孫貽讓的說法曰：「案不，余引作共。」依此語意較明確，今案孫氏說法改之。

當成因果的陳述及論證的依據，否則同樣也犯了因果關係的謬誤。

第三節　壓縮證據的謬誤

「在歸納法中，如果論證的前提是真的，且強有力的支持其結論，那它就是一種令人信服的歸納論證。不過這裡所謂前提是真的，有一個很重要的條件，那就是不能忽視那些重要的證據。因為少了這些重要的證據，很可能導出一個完全不同的結論來，所謂壓縮證據的謬誤，就是指忽略那些重要證據的歸納論證。」（註二十九）人們常被自己的成見或習慣所蒙蔽，有意或無意的排斥與自己意見相違的訊息。如東漢時人受「尊古卑今」觀念的影響，普遍有「信久遠之僞，忽近今之實」（〈須頌篇〉）的謬誤。

例一：世俗之人「信禍祟，以為人之疾病死亡，及更患被罪，戮辱歡笑，皆有所犯。起功、移徙、祭祀、喪葬、行作、入官、嫁娶。」都應擇日避忌，王充批判世俗的迷信說：

註二十九：引自林照田、曾漢塘《理則學》，頁二四二。

凡人在世，不能不作事；作事之後，不能不有吉凶。見吉，則指以為前時擇日之福；見凶，則刺以為往者觸忌之禍。多或擇日而得禍，觸忌而獲福。工伎射事者欲遂其術，見禍忌而不言，聞福，匿而不達；積禍以驚不慎，列福以勉畏時。故世人無愚智賢不肖、人君布衣，皆畏懼信向，不敢抵犯。（〈辨崇篇〉）

工伎射事者爲了神化他們的方術，往往以由果推因的方式，「見吉則指以爲前時擇日之福，見凶則刺以爲往者觸忌之禍。」事後諸葛，使人們相信擇日能得福氣，觸忌將遭禍害。不僅如此，對於「擇日而得禍，觸忌而獲福」的證據，蓄意隱藏；羅列在人們前面的是一大堆「擇日得福，觸忌遭禍」的事例。工伎射事者這套欺騙的技倆，不僅迷惑一般人，甚至連德智兼備的賢人及高貴的君主，都因畏時避忌，不敢逾越。王充對工伎射事者的批判可說是一針見血。到今天世人依然受擇日算命者的蠱惑，王充的見解，用在批判當今卜算者的身上，仍具有相當的說服力。

例二：東漢時人常有「尊古卑今」的想法。王充批駁說：

古有無義之人，今有建節之士，善惡雜廁，何世無有？述事者好高古而下今，貴所聞而賤所見。辨士則談其久者，文人則著其遠者，近有奇而辨不稱，今有異而筆不記。若夫琅邪兒子明歲敗之時，兄為飢人所食，自縛叩頭代兄為食。餓人美其義，兩舍不食。兄死，收養其孤，愛不異於己之子。歲敗穀盡，不能兩活，餓殺其子，活兄之子。臨淮許君叔，亦養兄孤子，歲倉促之時，餓其親子，活兄之子，與子明同義。會稽孟章父英為郡決曹掾，郡將摑殺非辜，事至覆考，英引罪自予，卒代將死。章後復為郡功曹，從役攻賊，兵卒北敗，為賊所射，以身代將，卒死不去。此弘演之節，陳不占之義何以異，當今著文書者，肯引以為比喻乎？比喻之證，上則求虞、夏，下則索殷、周，秦、漢之際，功奇行殊，猶以為後，又況當今在百代下，言事者目親見之乎？畫工好畫上代之人，秦、漢之士，功行譎奇，不肯圖。……使當今說道深於孔、墨，名不得與之同；立行崇於曾、顏，聲不得與之鈞。何則？世俗之性，賤所見，貴所聞也。有人於此，立義建節，實核其操，古無以過，為文書者肯載於篇籍，表以為行事乎？（〈齊世篇〉）

東漢的畫工、辯士、文人及著作書籍的人，因爲出於個人的喜好或是社會的一種集體偏好，對於當時崇德尚義、功行奇譎；或說道深於孔墨的人，皆不肯論記。論文取證也是捨近求遠，忽略了當今的重要事實，如此壓抑當今的論據，使得人們誤認古優今劣。

例三：雖然聖賢大力提倡薄葬省用，但是世人依然厚葬奢汰，絲毫不受聖人的影響。王充批評聖賢提倡薄葬不能成功，是因爲立論不明，他說：

孔子非不明死生之實，其亦不分別者，亦陸賈之語指也。夫言死無知，則臣子倍其君父。故曰：「喪祭禮廢，則臣子恩泊；臣子恩泊，則倍死亡先；倍死亡先，則不孝獄多。」聖人懼開不孝之源，故不明死無知之實。（〈薄葬篇〉）

想要說服世人薄葬的最重要依據，是向世人明示死後無知。不過聖人害怕如此宣示，會造成世人背棄君父的反效果，所以隱瞞死後無知的事實，或蓄意模糊人死後有知、無知的議題，企圖使世人既能薄葬去奢，又能孝親敬長。聖人的立意雖然良善，但也因爲如此，薄葬的主張缺乏堅實的依據，使得世上的富人、威強、孝子仍然繼續崇尚厚葬。按死後有知、無知的議題，至今仍然是無法解答的難題，疑則存疑，聖人不明講死後有知與否，可能是此一問題連聖人都無法解答。我們不能爲了提倡薄葬而去肯定死後無知，也不能爲了懼開不孝之源去否定死後無知，這才是追求真理的正確態度。

綜合上例，王充認爲不管是工伎射事者、畫工、辯士、文人甚至聖人，可能是受制於既有的成見，亦可能是爲了達到取信於人或教化的目的，只取對自己有利的證據，而模糊、忽略或壓抑不利於自己立論的事例。取證偏頗，立論失實，使得世人陷入迷妄之中。如此，不僅使真理無法伸張，也難以達到教化世人的目的。

第四節　觀察的謬誤

所謂觀察的謬誤，是指「我們對事物的觀察，因吾人的智力、工具的不足，或缺乏某種必要條件而使觀察陷入不周或錯誤的境地，而鑄成的謬誤。」（註三十）人類的耳目官能並非萬能，容易受外在環境的限制，產生錯誤的判斷，王充說：「聰明有蔽塞，推行謬誤，人之所歉也。」（〈答佞篇〉）除了因爲感官能力的蔽塞不足外，因爲觀察的時間過於短暫，且未經過理性的過慮，也是造成觀察謬誤的原因。（註三十一）

例一：王充反對社會上有關死人的精神會變成鬼的觀點，他批判說：

凡天地之間有鬼，非人死精神為之也，皆人思念存想所致也。致之何由？由于疾

註三十：引自宋稚青《邏輯與科學方法》，頁二七三。

註三十一：〈禍虛篇〉云：「始聞暫見，皆以爲然。熟考論之，虛妄言也。」；〈薄葬篇〉云：「夫以耳目論，則以虛象爲言，虛象效，則以實事爲非。是故是非者不徒耳目，必開心意。」

病；人病則憂懼，憂懼見鬼出，凡人不病則不畏懼。故得病寢衽，畏懼鬼致，畏懼則存想，想則目虛見。何以效之？傳曰：「伯樂學相馬，顧玩所見，無非馬者。宋之庖丁解牛，三年不見生牛，所見皆死牛也。」二者用精至矣，思念存想自見異物。〈訂鬼篇〉

王充先歸納伯樂與庖丁因精神的專一存想，使官能產生虛象的事實，得到「思念存想異物自見」的結論。藉此結論，王充批判世間有些鬼神的說法，是因為人的精神擾亂感官的認知能力，被擾亂的感官無法認清事物的真相，因而產生不正確的認知。按人的想像，偶會產生一種與官能相同的感覺，如果不加以注意，容易以假為真、以虛為實，尤其是意識在不正常的情況下，例如：人處於昏迷狀態或患精神病，常會見到異常的幻像，這是由於病症混淆了官能的正常運作，誤認想像的感覺為官能所獲得的感覺。王充的說法契合現今心理學研究的成果(註三十二)

註三十二：張春興《心理學》：「所謂的幻覺，乃是一種缺乏適當的外在刺激的情境下，所產生的一種知覺經驗，亦即以想像的經驗，來代替真實的知覺經驗。換言之，幻覺是一種無中生有的知覺經驗，患者雖自認確有所見或確有所聞，但事實上它在現實的環境中，他所指形像或所聞聲音並不存在。精神分裂症者最常有幻覺為聽幻覺…也可能產生味幻覺與嗅幻覺… 至於視幻覺，雖在機體性精神病例中常見，但在機能性精神病中則極少見。」，頁五四三。

例二：世人認爲隕星是星體的墜落，王充批判說：

從平地望太山之顛，鶴如烏，烏如爵者，泰山高遠，物之小大失其實。天之去地，六萬餘里，高遠非直泰山之巔也；星著於天，人察之，失星之實，非直望鶴烏之類也。數等星之質百里，體大光盛，故能垂耀；人望見之，若鳳卵之狀；遠，失其實也。如星霣審者，天之星霣而至地，人不知其為星也。何則？霣時小大，不與在天同也。今見星霣，如在天時，是非星也（註三十三），非星，則氣為之也。

（〈說日篇〉）

王充認爲從地面上觀察天上的星星，大小如鳳卵，是由於星星距離人們太遠，以致產生觀察的錯覺。星星實際上直徑百里，星隕至地，人們所觀察到的隕石大小如鵝卵一樣，並非直徑百里的星體，所以王充推測，隕石並非星體，只是氣所形成的成像。按流星是太空的灰塵進入大氣層燃燒所產生的景象，流星還沒下墜之前，實質上並沒有資格稱爲星。王充稱隕石不是星，符合現代的觀點；且王充大膽推測星星的直徑百里，顛覆世人浸漬已久的看法。王充之所以敢作如此的推測，

註三十三：原文「是時星也」。鄭文《論衡析詁》改爲「是非星也」，語意較明，今依鄭文校改。

其實是「耳目」與「心意」並用的結果，耳目所見的是如鳳卵的星辰，然經過心意的類推，「從平地望太山之顛，鶴如烏，烏如爵者，泰山高遠，物之小大失其實。」才得出星之質地百里的結論。雖然這一結論，與今人的認知相差甚遠，但在當時觀察工具不足的情況，星直徑百里的觀念，已是一大進步。

例三：有人說：「天北際下地中，日隨天而入地：天在地中，地與天相合，天地並氣，故能生物。」王充批駁說：

> **人望不過十里，天地合矣：遠，非合也。今視日入，非入也，亦遠也。當日入西方之時，其下民亦將謂之日中。…各於近者為出，遠者為入，實者不入，遠矣。**（〈說日篇〉）

天象遙遠，人們的視力有限，於是對天文的運轉，產生「日入地」和「天地合」的天文命題。王充指出造成觀察錯誤的的關鍵，在於距離太遠，使得遠處的天地，看起來相連在一起，遠處的夕陽，看起來像是要進入地中。王充能指出人們誤判的原因，也認識到同一時間，某地日正當中的中午，可能是另一地夕陽西下的黃昏；可見王充已有時差的觀念，這是他運用推論來矯正觀察錯誤的成果。但王充的說法，也不見得正確。如果太陽是因距離越來越遠，終至不見，那麼從地面上所見到的太陽，應該是逐漸縮小終至消失，但我們所見的夕陽，體積不見縮小，消失時是由下半部逐漸下沉。以距離太遠來說明造成人們觀察謬誤的原因，只答對了一部分，另一個造成謬誤的原因是"地面是球狀的"。在今天這已經是眾人皆知的常識，但對於古人來講，這是不容易解答的難題。且王充對天地形貌的看法仍然停留在「天平正與地無異…平正，四方中央高下皆同。」（〈說日篇〉）的迷妄之中。

綜合上例，鬼神或星體是人們難以貼近觀察的對象，如無輔助的儀器，光靠人們的肉眼是很難辨認清楚。觀察的謬誤，肇因於感官功能、心理狀況和外在物理環境的限制，王充尤其注意到人的心理因素及空間的距離對視覺的影響。說對方的觀察謬誤，使對方的理論頓時喪失合理性，是很有用的批判方式；然在破解對方說法的同時，想要建立更正確的認知亦非易事，在這一點上，王充似乎也面臨了同樣的困境。

第五節　欠缺均衡與書籍崇拜的謬誤

所謂的欠缺均衡的謬誤就是「未能以適當的視野和均衡，來處理事物，這是一種常被忽略的謬誤。例如：雷根和布希政府對美國非法藥物問題上的強調，與我們對更嚴重的愛滋病的相對沉默。」(註三十四)對事物的輕重緩急，可能因個人認知能力不足或偏執，而做出偏差的判斷，將微不足道的事情列爲優先，反而忽略了較嚴重的事態。王充常稱此類的謬誤爲「失輕重之實」或「失貴賤之宜」。世俗之人，容易犯此謬誤，「高士所貴，不與俗均」(〈自紀篇〉)賢聖之人，應跳出世俗傾斜的認知，重視與輕忽，都應符合事類的實際情況。

書籍崇拜是訴諸權威的一種謬誤，這種謬誤主要是出在文化水準不高的人之中。這些人往往把鉛字印成的材料，看成是正確無誤的東西，可以用來做爲有力的論據。(註三十五)東漢時代並沒有鉛字印刷，然知識水準較低落的世俗之人，對於著於竹帛之書，深信不已。世俗學者，也因爲拘泥於書籍的記載，編造出虛妄的言論，孟子曾經說：「盡信書，不如無書。」(《孟子‧盡心》)王充也提醒人們，不能「見短書爲證」(〈龍虛篇〉)或「徒見行事有其文傳」(〈福虛篇〉)，就信以爲真；甚至對於儒家的經傳也不能過度迷信。

一、欠缺均衡

註三十四：引自劉福增《邏輯與哲學》，頁四〇五。
註三十五：以上參考朱志凱《邏輯與方法》，頁二一二。

例一：世俗之人認為裁衣必須選擇時日，才能趨吉避凶。王充批評說：

如以加之於形為尊重，在身之物，莫大於冠。造冠無禁，裁衣有忌，是於尊者略，卑者詳也。且夫沐去頭垢，冠為首飾，浴除身垢，衣衛體寒。沐有忌，冠無諱；浴無吉凶，衣有利害。俱為一體，共為一身，或善或惡，所諱不均，俗人淺知，不能實也。且衣服不如車馬，九錫之禮，一曰車馬，二曰衣服。作車不求良辰，裁衣獨求吉日，俗人所重，失輕重之實也。（〈譏日篇〉）

頭部是一個人最尊貴的地方，因此服儀中，帽子比衣服尊貴，所以製作帽子應該比裁衣更加的慎重；可是世人「造冠無禁，裁衣有忌。」輕忽尊貴者，對卑微的反而過度慎重精詳。同樣的，就禮節的標準來說，車馬比衣服重要，世人裁衣擇吉日，製作車馬卻不求吉日，在取捨上反輕為重，「失輕重之實」，犯了欠缺均衡的謬誤。

例二：子產以伯有死後能報復的故事（註三十六），論證「強死，能為鬼」的說法。世人相信子

註三十六：鄭伯有貪愎而多欲，子晳好在人上，二子不相得。子晳攻伯有，伯有出奔。駟帶率國人以伐

產的說法，咸認爲人死後仍存在知覺且能害人。王充批判說：

與伯有為怨者，子晢也。子晢攻之，伯有奔，駟帶乃率國人遂伐伯有。公孫段隨駟帶，不造本鞴（註三十七），其惡微小。殺駟帶不報子晢，公孫段惡微，與帶俱死。是則伯有之魂無知，為鬼報仇，輕重失宜也。（〈死僞篇〉）

在人情上，仇大報大，仇小報小。子晳與伯有宿怨，且率先攻伯有，是造成伯有喪命的始作俑者、主事者。伯有死後報仇，如果還能保有人的知覺意識，應該先向子晳報仇，可是伯有卻先殺了駟帶及隨從公孫段。從伯有死後報仇不分輕重來看，伯有之魂魄是無知的。王充以人死後對事物的輕重評斷是否合乎人情，來辯說死後無知。王充似乎承認人死能爲鬼且能有報仇的舉動，其實不然；王充只是援引對方的某一論點，來駁斥對方的另一論點，並非認同人死能爲鬼的主張。

之，伯有死。其後九年，鄭人相驚以伯有，曰：「伯有至矣」，則皆走，不知所往。後歲，人或夢見伯有介而行，曰：「壬子，余將殺帶也。明年壬寅，余又將殺段也。」及壬子之日，駟帶卒，國人益懼，後至壬寅日，公孫段又卒，國人愈懼。子產爲之立後以撫之，乃止。」〈死僞篇〉

註三十七：原文「不造本辯」劉盼遂注曰：「不造本辯，語難索解，疑辯爲鞴之壞字。伯有之本鞴自爲子晳，若公孫段、駟帶非伯有之本鞴，故其惡微小。」劉氏之校改義方可疏通，今從之。

二、書籍崇拜

例三：《論衡・書虛篇》主要是抨擊流傳的書籍中，隱藏虛妄不實的論述。王充提醒世人，勿一味的崇拜書籍，王充說：

世信虛妄之書，以為載於竹帛上者，皆賢聖所傳。無不然之事，故信而是之，諷而讀之。（〈書虛篇〉）

著於竹帛上的書籍，並非全是聖賢所傳，何況聖賢所說的也不一定正確。人們迷信書籍的記載，使得虛妄的說法得以流傳。

例四：世俗傳言：「吳王夫差殺吳子胥，煮之於鑊，乃以鴟橐投之於江。子虛恚恨，驅水爲濤，以溺殺人。」王充批判說：

事理似然，猶為虛言。今子胥不能完體，為杜伯、子義之事以報吳王，而驅水往來，豈報讎之義，有知之驗哉！俗語不實，成為丹青。丹青之文，賢聖惑焉。（〈書

虛篇〉)

吳子胥驅濤溺人的事，成了丹青之文。基於人們崇拜書籍記載的心理，自然會信以真，甚至連聖賢也會被矇騙，產生疑惑。唯有運用理性思維，突破書籍的桎梏，才能使歷史的真象重見天日。

綜合上例，王充指出具同等重要性的事物，世俗往往只偏重其一，忽略另一；對於有輕重緩急不同的事物，如果以輕爲重，以重爲輕，則顯露出認知的謬誤或缺乏智慧。王充的批判，頗能使人重新反省各種祭祀、忌諱、觀念的依據爲何？切勿一味的以爲凡是傳統的、習俗的，都是對的。不過以這種方法來批判敵論，在運用上有時也難免會陷入主觀的窠臼，如輕重是依據什麼標準來訂定？直接殺害自己的仇人，與首先發難準備殺害自己的仇人，到底哪一個才是自己最大的仇敵？除了優先順序的判定存有主觀的因素外，對於兩種事類從不同的角度，如尊卑、生理需求、數量的多寡、利益、損害來比較，不難發現利用不同的角度，會產生不同的優先順序。以尊卑的角度來判定，王充認爲冠尊衣卑；如果以生理需求的迫切性來判定，反而變成了衣急冠緩，衣服的重要性勝於帽子。

王充認爲書籍的記載不可全然相信，世人具有書籍崇拜的心理，依賴書籍的結果，將喪失原有辨析真僞的能力與精神，使得虛妄的說法得以流傳。其實「幽瞑之實尚可知，沉隱之情尚可定，顯文露書，是非易見。」辨析書籍的內容並非難事，只要專精思慮，突破崇拜的心理，就能去僞存真。

第六節　語言的謬誤

語言是表達思想或感情的工具，人類思想之溝通，知識之交換，有賴於語文。然日常生活用語常是隱諱不明，歧義百出，足以遮蔽事實，使我們思想無法認清外界的真象。所謂語言上的謬誤，是由於論證中，所使用的字詞含混；或具有歧義；或所承載之概念不符合實際事物之情狀，使說話者或聽話者對於該字詞產生誤解，而導至推論的謬誤。

一、簡約造成的謬誤

論者因使用語言過於簡潔，使聽者不明瞭其中的含意，是爲簡約的謬誤。

例一：《論語》記載"蘧伯玉使人於孔子。孔子曰：「夫子何爲乎？」對曰：「夫子欲寡其過而未能也。」使者出，孔子曰：「使乎！使乎！」"非之也。說《論語》者曰：「非之者，非其代人謙也。」，王充批判孔子的應對說：

夫孔子之問使者曰：「夫子何為？」，問所治為，非問操行也。如孔子之問也，使者宜對曰：「夫子為某事，治某政」；今反言「欲寡其過而未能也。」何以知其對失指，孔子非之也？（註三十八）且實孔子何以非使者；非其代人謙乎？其非乎對失指也？所非猶有一實，不明其過，而徒云：「使乎！使乎！」後世疑惑，不知使者所以為過。韓子曰：「書約則弟子辨。」孔子之言「使乎」，何其約也？（〈問孔篇〉）

王充認爲孔子責備使者的話，僅用「使乎！使乎！」並未說出使者到底錯在那裡，是犯了對應失指？或是代人謙虛的錯誤？由於孔子說得太簡約了，所以才造成語意上的不完整，使人不明白其中的涵義。按「使乎！使乎！」一句，說《論語》者，或王充都認爲是孔子責備使者的話。但今日所能見到的《論語》版本並無「非之者」三字，且鄭玄注云：「再言使乎，善之也，言使得其人。」

註三十八：原文：「何以知其對不失指，孔子非之也？」劉盼遂注曰：「不字衍文，下文其非乎對失指一句，即申此文，亦無不字。」今依劉氏說法刪去「不」字。

（註三十九）朱子注曰：「言其但欲寡過而猶未能，則其省身克己，常若不及之意可見矣！使者之言愈自卑約，而其主之賢益彰，亦可謂深知君子之心，而善於辭令者矣。故夫子再言使乎，以重美之。」（註四十）如上所引，「使乎！使乎！」反成讚美的話。如果鄭玄、朱熹的注文合乎孔子的本意，則王充亦犯了誤解語意的錯誤。

例二：孔子曰：「富與貴，是人之所欲也，不以其道得之，不居也；貧與賤，是人之所惡也，不以其道得之，不去也。」王充批判孔子的說法：

夫言「不以其道得富貴，不居」，可也；「不以其道得貧賤」，如何？富貴固可去，去貧賤何之？去貧賤，得富貴也，不得富貴，不去貧賤。如謂得富貴不以其道，則不去貧賤邪？則所得富貴，不得貧賤也。貧賤何故當言「得之」？顧當言「貧與賤，是人之所惡也，不以其道去之，則不去也。」當言「去」，不當言「得」。……使此言意不解而文不分，是謂孔子不能吐辭也；使此言意結，文又不解，是孔子相示未形悉也。弟子不問，世俗不難，何哉？（〈問孔篇〉）

註三十九：參見清劉寶楠《論語正義．憲問第十四》引鄭玄之注文，頁三一八。

註四十：朱熹《四書集注．憲問第十四》，頁三五八。

孔子所說的這段話，容易讓人混淆，問題出在「不以其道得之」這句話。前式的語意清楚，即「不用正當的途徑得到富與貴，就不接受。」如依據前式的語法結構，則後式的解釋應該說「不用正當的途徑得貧與賤，就不擺脫。」這種解釋實在不通，王充認爲後式應說「貧與賤是人之所惡也，不以其道去之，則不去也。」比較合理，朱熹則將前後式的「不以其道得之」都訓釋成「不當得而得之」不清楚的解釋「之」字，來避開語意的矛盾。近人毛子水先生則將這段話改寫成「富與貴，是人之所欲也；不以其道，得之不處也。貧與賤，是人之所惡也；不以其道，得之不去也。」（註四十一）藉著改變斷句的方式，來化解這種謬誤。依此例，孔子說的確實不夠明白詳盡，造成後人在解釋此段語意時倍感困難。王充云此段「相示未形悉」（註四十二），其意指孔子的談論，犯了簡約的謬誤。

二、歧義的謬誤

註四十一：見毛子水註譯《論語今註今譯》，頁四六，臺北：臺灣商務印書館。

註四十二：「相示未形悉」的意思是「表示不明白不詳盡」，參考袁華中、方家常《論衡譯注》，頁六一八。

一個詞語有兩個或兩個以上語意表達方式，則該語詞具有多重意義。一個具有多義的語詞，在確定的語境中，究竟表達哪一個概念應該是確定的。如果在某種語境中，一個多義詞所指不明；或該語詞可以容納不同的解釋，如此就犯了歧義的謬誤。（註四十三）如同讖書言：「董仲舒亂我書，蓋孔子言也。」讀者將”亂“字，或解釋成煩亂，或解釋成整理，或解釋成終結。（註四十四）亂字在同樣的語境中，卻有不同的詮釋，亂字具歧義。

例三：孟子云：「彼一時也，此一時也。五百年必有王者興，其間必有名世者矣。」王充從語意的角度分析孟子的說法：

> 云：「五百年必有王者興」，又言「其間必有名世」，與王者同乎？異也？如同，為再言之？如異，「名世者」謂何等也？謂孔子之徒、孟子之輩，教授後生，覺悟頑愚乎？已有孔子，己又已生矣。如謂聖臣乎？當與聖同時。聖王出，聖臣見矣。言「五百年」而已，何為言「其間」？如不謂五百年時，謂其中間乎？是謂三百年之時也，聖不與五百年時聖王相得。夫如是，孟子言「其間必有名世者」，竟謂

註四十三：參考單繩武《邏輯新論》，頁三六三。

註四十四：〈案書篇〉：「讀之者或爲亂我書者，煩亂孔子書也；或以爲亂者理也，理孔子之書也。共一亂字，理與亂相去甚遠。……賦頌篇下其有亂曰章，蓋其類也。孔子終論，定於仲舒之言。」

誰也？〈刺孟篇〉）

王充分析孟子所言的「名世者」一詞可容納孔子之徒、孟子之輩、聖臣等不同的的解釋，最後針對這些岐義，提出「竟謂誰也？」的質疑。

三、扭曲語意的謬誤

「當一個人誤解反對者的立場，因而使得他容易攻擊，或攻擊較弱的反對者而無視較強反對者的論證時，就犯了稻草人的謬誤。」（註四十五）所以扭曲語意的謬誤，即是論者先誤解反對者的語意，使自己立於有利的位置來駁斥對方。

例四：孟子見梁惠王，王曰：「叟，不遠千里而來，將何以利吾國乎？」孟子對曰：「王何必曰利？亦有仁義而已矣。王曰何以利吾國；大夫曰何以利吾家；士庶人曰何以利吾身。上下交征利，而國危矣。……苟爲後義而先利，不奪不饜。未有仁而遺其親者也；未有義而後其君者也。王亦曰仁義而已矣，何必曰利？」王充批判孟子對於梁惠王的應答說：

註四十五：引自劉福增《邏輯與哲學》，頁四〇七。

> 夫利有二：有財貨之利，有安吉之利。惠王曰：「何以利吾國？」，何以知不欲安吉之利，而孟子徑難以貨財之利也？《易》曰：「利見大人」、「利涉大川」、「乾，元亨利貞。」《尚書》曰：「黎民亦尚有利哉？」皆安吉之利也。行仁義得安吉之利，孟子必且語問惠王（註四十六）：「何謂利吾國？」惠王言貨財之利，乃可答若設。今惠王之問未知何趣（註四十七），孟子徑答以貨財之利。如惠王實問貨財，孟子有以驗效也（註四十八）；如問安吉之利，而孟子答以貨財之利，失對上之旨，違道理之實也。（〈刺孟篇〉）

案《說文》云利的本義是「銛也。刀和然後利，從刀和省。」段注：「銛者，插屬。引申爲銛利字；銛利引申爲利害之利。」利的本義是銛利，由銛利義引申爲利害義。如將利害義用於實際的語言環境中，又可進一步引申爲貨財之利、安吉之利……等義，惠王之問含混，並未明指利是財貨之利或安吉之利。如果惠王所提問之「利」字實指安吉之利，孟子未能先澄清利字的意義，逕以"貨

註四十六：原文「孟子不且問惠王曰」劉盼遂引孫詒讓曰：「案不疑當作必。」今依孫氏說法校改。

註四十七：原文「令惠王之問未知何趣」劉盼遂注曰：「令爲今之誤」今依劉氏說法校改。

註四十八：原文「孟子無以效驗也」劉盼遂注云：「無當作有。」今依劉氏說法校改。

財之利"來回答，則失對上之旨，犯了扭曲語意的謬誤。（註四十九）

例五：傳書言：「齊桓公負婦人而朝諸侯，此言桓公之淫亂無禮甚也。」王充批判說：

說《尚書》者曰：「周公居攝，帶天子之綬，戴天子之冠，負扆南面而朝諸侯。」戶牖之間曰「扆」，南面之坐位也。負扆南面鄉坐，扆在後也。桓公朝諸侯之時，或南面坐，婦人立於後也。世俗傳云，則曰負婦人於背矣。（〈書虛篇〉）

扆是指門窗間的屏風，王充以周公負扆南面向坐的訓釋爲例，此時的「負」字只能解釋成「背對著」，不能解釋爲「背著」屏風。如果桓公負婦人的原意是桓公背對著婦人，婦人只是站在桓公的後面，則桓公並無淫亂無禮的舉動。世人將「負」解釋成背著，可能扭曲了原先的語意。

四、名實的謬誤

註四十九：王充的觀點與現類邏輯學者劉福增的分析相同，再次證明王充的分析能力《參考劉氏《邏輯與哲學》，頁四〇八）

《墨子・經說上》云：「所以謂，名也；所謂，實也。」依此訓釋，名是指一切事物之稱謂，實是指被稱謂之事物（註五十）；簡單的說，名可以指我們所用的語言文字，實則指語文符號所對應的客觀事物。關於名實的謬誤，早在先秦，荀子就舉出詭論者常藉著「用名以亂名」、「用實以亂名」、「用名以亂實」等攪亂名實的手段來迷惑人心。王充對於語言文字的運用一貫主張「名不稱實，未可謂是」（〈物勢篇〉），針對某一語言符號，如果在經驗中找不到對應的具體成員或類分子，我們可以說這是有名無實。（註五十一）王充稱這種脫離經驗事實的語詞為虛言或空名。（註五十二）儒書俗論常將「虛轉為實」（〈對作篇〉）促使王充不得不批駁；除此，對於「名實不相副」（〈答佞篇〉）或「溢美過實」（〈是應篇〉）的巧偽言論，亦是王充大加撻伐的對象。

(一)、無其實的空名

註五十：吳毓江《墨子校注》，卷十，頁四二七。吳氏注曰：「一切事物之稱謂，名也；被稱謂之事物，實也。」

註五十一：楊士毅論語言與外在具體事物的關聯時，曾經提到「經驗空類，亦即任何類只要在經驗上無法檢驗出其所包含具體的成員或類分子，即稱為經驗的空類。例如前述圓的五方形既是邏輯的空類也是經驗的空類。但是另一種空類乃是邏輯上並不矛盾，亦即它是邏輯上可能的存在，但經驗上卻一直無法檢驗其存在。例如：獨角獸、金子做的山、會飛的馬、法國現任國王……。」

註五十二：〈問孔篇〉云：「盜泉、勝母有空名。」

例六：儒者「萐脯生於庖廚者，言廚中自生肉脯，薄如萐形，搖鼓生風，寒涼食物，使之不臭。」又說：「古者蓂莢夾階而生，月朔，日一莢生，至十五日而十五莢，於十六日，日一莢落，至月晦莢盡。來月朔，一莢復生。王者南面視莢生落，則知日數多少，不須煩擾案日曆以知之也。」除此之外，儒者又說：「太平之時，屈軼生於庭之末，若草之狀，主指佞人。佞人入朝，屈軼庭末以指之，聖王則知佞人之所在。」對於儒者的說法，王充批判說：

若夫萐脯、蓂莢、屈軼之屬，殆無其物。何以驗之？說以實者，太平無有此物。〈是應篇〉

以上三種儒者所稱述的神奇瑞物，王充認爲於現實的環境中，找不到對應的實物，即空有其名，而無其實。

(二)、取名不取實

例七：俗人「信卜筮，謂卜者問天，筮者問地，蓍神龜靈，兆數報應，故捨人議而就卜筮，違可否而信吉凶。」王充引用孔子的說法，來批判世俗的迷信，他說：

何以明之？子路問孔子曰：「豬肩羊膊可以得兆，雚葦藁芼可以得數，何必以著龜？」孔子曰：「不然，蓋取其名也。夫著之為言，耆也；龜之為言，舊也。明狐疑之事，當問耆舊也。」由此言之，著不神，龜不靈，蓋取其名，未必有實也。無其實，則知其無神靈；無神靈，則知不問天地也。（〈卜筮篇〉）

世人迷信於著草、龜甲，認爲二者神靈，可以當成天人溝通的代言人。然龜與著是否真的具有神靈的特質，爲什麼一定要用著、龜來卜筮。王充引用孔子的說法，證明使用著龜是取著龜之名，並非著龜真的具有神靈之實質。何謂取著龜之名？即取著龜之聲韻，著龜與耆舊古音略同（註五十三）暗示遇難以決斷之疑問，須向耆舊徵詢，非著龜本身具有神靈的特質。

註五十三：甲、著，生千歲三百莖。……從艸耆聲（段玉裁《說文解字注・一篇下・艸部》，頁三四。）
　　乙、龜，舊也。外骨內肉者…段玉裁注：「此以疊韻爲訓…龜古音姬，亦音鳩，舊古音臼，亦音忌。舊本鳩舊字，假借爲故舊，即久字。劉向曰：「著之言耆，龜之言久。龜千歲而靈，著百歲而神。以其長久故能辯吉凶。（段玉裁《說文解字注・十三篇下・龜部》，頁六七八）

(三)、名實不相應

例八：世俗認爲「聖人神而先知」，王充批判說：

> 故夫賢聖者，道德智能之號；神者，眇茫恍惚無形之實。實異，質不得同；實均，效不得殊。聖神號不等，故謂聖者不神，神者不聖。（〈知實篇〉）

聖賢之名，所指的是具有崇高道德智能的人；而神名，所指的是恍忽無形的實質。聖名與神名應對於經驗界中，所指涉的對象是不同的，所以說聖神不等號。（註五十四）聖名所指涉的客體，並不存在恍忽無形的事物，所以說聖名無神之實，相反的神名無聖者之實。

例九：儒書言：「黃帝採首山銅，鑄鼎於荊山下。鼎既成，有龍垂胡髯下迎黃帝。黃帝上騎龍，群臣、後宮從上七十餘人，龍乃上去。」對於黃帝成仙飛升的傳言，王充批判說：

註五十四：案王充說名號不相等是指名異實異，名號相等或名號相貿易是指名異實同的稱號，〈問孔篇〉云：「孔子謂忠非仁，是謂父母非二親，匹配非夫婦也。」其中父母與二親是指名號相等。

實黃帝者，何等也？號乎？謚也？如謚，臣子所誄列也，誄生時所行為之謚。黃帝好道，遂以升天，臣子誄之，宜以「仙」、「升」，不當以「黃」謚。《謚法》曰：「靜民則法曰黃」；黃者，安民之謚，非得道之稱也。百王之謚，文則曰「文」，武則曰「武」。文武不失實，所以勸操行也。如黃帝之時質，未有謚乎？名之為「黃帝」，何世之人也？使黃帝之臣子知君，使後世之人跡其行。黃帝之世，號謚有無，雖疑未定，「黃」非升仙之稱，明矣。（〈道虛篇〉）

依王充之意，飛升之實與黃帝之謚號不相對應。如果黃帝以「黃」爲謚號，「黃謚」實指具有安民的稱號，與飛升無涉；如果黃帝真有飛升的事實，則臣子不當以黃爲謚號。按此例，王充的批判亦充滿猜測之詞，主要是「黃」是否爲謚號的前提不能確定，造成推論上的困難；另外如果黃帝真的具有安民的政績與成仙飛升兩事實，兩事實並不一定相斥。如果黃帝能安民靜民，後又飛升成仙，則負責取謚的臣子，如何取捨，將取謚名爲黃帝？或取謚名爲「仙帝」、「升帝」？

例十：《尚書》家稱說：「有天下之代號唐、虞、夏、殷、周者，功德之名，盛隆之意也。故唐之爲言，蕩蕩也；虞者，樂也；夏者，大也；殷者，中也；周者，至也。堯則蕩蕩無能名；舜則天下虞樂；禹承二帝之業，使道尚蕩蕩，民無能名；殷則道得中；周武功德無不至。」王充主張五代的國號是土地之名，非道德之號。他批判儒者說：

唐、虞、夏、殷、周者，土地之名。堯以唐侯嗣位；舜從虞地得達；禹由夏而起；湯因殷而興；武王階周而代，皆本所興昌之地，重本不忘始，故以為號，若人之有姓矣。……其立義美也，其襃五家大矣，然而違其正實，失其初意。唐、虞、夏、殷、周，猶秦之為秦，漢之為漢。秦起於秦，漢興於漢中，故曰猶秦漢，猶王莽從新都侯起，故曰亡新。使秦、漢在經傳之上，說者將復為秦、漢作道德之說矣。（〈正說篇〉）

王充藉著歷史事實及當時秦、漢、新都是以帝王興昌之地爲代名，來推論唐、虞、夏、殷、周五個朝代，亦以興昌之地名爲〞代名〝。所以〞代名〝內涵隱指某一王朝的發源地，非有功德之實；反過來說，我們可以利用〞代名〝來推測某一朝代的發源地，但不能以〞代名〝來推測某一朝代的功德事業，所以儒者以功德來釋名，並不能與代名的實質內涵相對應。

(四)、名過其實

例十一：傳書稱：「魏公子之德，仁惠下士，兼及鳥獸。方與客飲，有鸇擊鳩。鳩走，巡於公子案下。鸇追擊，殺於公子之前。公子恥之，即使人多設羅，得鸇數十枚，責讓以擊鳩之罪。擊鳩之鸇，低頭不敢仰視，公子乃殺之。世稱之曰：『魏公子爲鳩報仇。』」王充認爲這是不合事實的說法，他說：

或時公子實捕鸇，鸇得，人持其頭，變折其頸，疾痛低垂，不能仰視，緣公子惠義之人，則因褒稱，言鸇服過。蓋言語之次，空生虛妄之美；功名之下，常有非實之加。(〈書虛篇〉)

王充推測儒書所言，只有部分是真實的，即公子捕鸇，鸇也確實不能仰視；然說鸇服過，是別有用心的添加，並非真實的情況。王充說：「功名之下，常有非實之加。」就當今流傳的許多開國君主或偉人的傳記玬言，似乎可以發現，在他們還沒成名之前，都有許多不平凡的事蹟。我們沒有證據說這些記載是假的，但也不要全然信以爲真。因爲在作家妙筆生花的筆觸下，往往於平凡的事情上，添加許多綺麗的想像。

綜合上例，王充指出儒書的記載、聖賢的言談或俗說，在語言上常犯過度的簡單化、歧義、扭曲語意及名實不相符等謬誤。這些謬誤如果不加以明辯，除了容易造成詮釋者的爭辯外，語言所承載的語意不實不明，也可能讓虛誇的、神化的思想趁隙滲入其中，蠱惑世人。然王充在分析謬誤的過程中，或以臆測，或以類推，甚至誤解對方的語意，使王充的論證充滿不確定感，如此較難形成強而有力的批判。

本章結語：

謬誤剖析是語理分析、邏輯方法與科學方法的引申，也是以上述三種方法做爲剖析的憑藉。（註五十五）王充剖析虛妄說的謬誤，大體上也可歸納成這三種類型。有關邏輯方法的謬誤，王充指出聖賢的言談、世俗的觀念，充斥著許多相違反的觀點，沉溺世俗的人不能辨別其中的真僞，同時肯定相互反對的觀念，這些都犯了不一致的謬誤。有關經驗的謬誤方面，王充指出，相信不相干的因果關係；過度信任書籍的權威性；將自己的情感偏見涉入，以偏取有利的證據，壓縮與觀點不符的反例；感官會受到物理上的距離、光線，生理上的感覺功能，心理上的妄想幻覺的干擾，

註五十五：參考李天命《語理分析的思考方法》，頁三二，臺北：鵝湖出版社。

以上這些因素都有可能會造成與事實不符的判斷。虛妄說的建立往往依恃這些不可靠的事例，來欺瞞世人，違背科學的求證精神，這是王充所不能容忍的。在語言的謬誤上，王充指出，虛妄的說法具簡約、歧義、扭曲、名實不符等謬誤，使得原本單純的概念，變得混淆神秘，虛妄的說法就是運用這種語言的遊戲，來建立其理論的合理性，世人也因爲不能明察定實，掉入語言的陷阱之中，使得虛妄的說法得以漫延人間。

第五章　其它批判方法

任卓宣論批判的實行，共列舉十二種批判的方法，其中與王充所運用的批判方法，有諸多不謀而合的地方。除前面所論的事實符合、心意推論及指出謬誤外，王充更從時代的環境變異、個人的動機、實踐的結果等角度去評判虛妄邪說。凡難以歸入前面各章之批判方法，皆於本章補充論述，期能較完整的呈現王充批判方法的全貌。

第一節　歷史想像法

所謂歷史想像法是「將自己放入歷史之中，進入歷史的情況，進入歷史的時間，進入歷史的空間，然後由此想像當時可能發生的一切，如此易於得到歷史的真理，而除去一些後代的附會。」(註一)歷史想像法雖將心靈返回歷史的時空中，然畢竟受限於資料不足，需輔以猜測、聯想，所以並不是一種必然的

註一：引自杜維運《史學方法論》，頁一九七。

推論。王充云：「然而子長少臆中之言。」（〈案書篇〉）又云：「太史公書漢世實事之人。」（〈感虛篇〉）既是講究實事則少臆中之言，「臆中」是主觀推測的意思，可以說是一種主觀的想像。雖說想像與追求客觀事實的態度是相反的，想像是「由意而出，不假取於外。」（〈超奇篇〉）然當面臨客觀資料不足時，想像法倒不失爲良好的輔助工具。孔子稱道子貢「臆則屢中」，子貢的猜測會如此的準確，並非依靠天馬行空的想像，而是他能夠如聖人一般「據象兆，原物類」，依據僅有的事實來聯想。變復之家常常藉著史事來支持立論的合法性，王充面對此一情況，兼用想像來論說事象的背後，其實是一種蓄意的編造、誇大的比附及事件間的巧合出現所共構而成的謊言。王充運用想像法時，常於論述開頭加上「或時」、「疑」字，來表示這是他的猜測。不過王充的猜測，是依據當時事情發生的時、空環境及人物心理來做想像；更準確的說，他用的是歷史想像法。

例一：漢武帝時「淮陽都尉尹齊爲吏酷虐，及死，怨家欲燒其尸，亡去歸葬。夫有知，故人且燒之也；神，故能亡去。」人們認爲屍體會自行逃離，是死人有神靈的證明，王充批評說：

或時吏知怨家之謀，竊舉持亡，懼怨家怨己，云自去。（〈死僞篇〉）

王充猜想尹齊屍體能自行逃離，是官吏們早已知道尹齊的冤家，計畫燒毀尹齊的屍體，所以偷偷的將尹齊的屍體搬離，並且編造謊言，稱屍體是自行逃離，使冤家不會將怨恨轉移到自己的身上。如果事情真如王充所言，且世人又無法拆穿官吏的謊言，則尹齊屍體能自行逃離的謊言，將被誤以爲真。王充雖是猜測之詞，但這種猜測是設身處地的揣測部吏的處境，對事件的表象，提出內在真實性的合理解釋。王充的猜測，雖然不能必然的否定原論題，但是建立另一種可能，動搖人們對「死後能神」的信念。

例二：傳說：「曼都好道學仙，委家亡去，三年而返，家問其狀。」據曼都回答，他確實見到神仙，但因自己可能曾經犯錯，所以又被降爲一般人。當時河東的人因此事咸稱曼都爲「斥仙」，王充批判說：

或時曼都好道（註二），默委家去，周章遠方，終無所得，力倦望極，默復歸家，慚愧無言，則言上天。其意欲言道可學得，審有仙人，己殆有過，故成而復斥，升而復降。

（〈道虛篇〉）

王充承認事件的表象，即曼都的確曾經棄家求道，且說過升天成仙後又被斥回人間的這一番話。但王充猜測事情的真象是曼都學道不成，返鄉後害怕家人的責難及鄰里的訕笑，在迫不得已的情況下，曼都極可能編造謊言，來保全自己的顏面，所以曼都「成而復斥」、「升而復降」是虛假的編造，並非實情。「古今同情」（〈奇怪篇〉），王充進入曼都的心靈，對曼都的處境做同情的了解，如此所做的推想是

註二：原文「或時聞曼都好道」劉盼遂注曰：「聞字衍。」今依劉注刪去聞字。

可能成立的。

例三：傳書說：「魯襄公與韓戰，戰酣日暮，公援戈而麾之，日爲之反三舍。」王充認爲這是虛妄的說法，他批判說：

或時戰時日正卯，戰迷，謂日之暮，麾之轉左，曲道日若卻。世好神怪，因謂之反，不道所謂也。（〈感虛篇〉）

古人用十二地支指方位，卯是指正東方。魯、韓之戰，太陽可能在東方。王充設想在慘烈的戰鬥下，一遍混亂，極有可能將東方的"朝陽"誤判成"夕陽"，魯襄公麾戈轉向東方(其實是西方)，太陽也跟著由西向東逆行(其實此時太陽是由東向西正常運轉)。本來是對方位的誤判，以爲太陽逆行，再加上世俗喜好神怪的心理，才會認爲這件事是實情，最後被書傳所妄記流傳。案人們於昏沉迷糊之際，將"朝陽"誤判成"夕陽"，就常識上說，是有可能的。此例王充運用豐富的想像力，重建當時可能的境況。

例四：傳書上說：「武王伐紂，渡孟津，陽侯之波，逆流而擊，疾風晦冥，人馬不見。於是武王左操黃鉞，右執白旄，瞋目而麾之曰：『余在，天下誰敢害吾意者！』於是風霽波罷。」王充認爲傳書的記載不實，他批判說：

或時武王適麾之，風偶自止，世褒武王之德，則謂武王能止風矣。(〈感虛篇〉)

王充認爲，就當時的情形，有可能是武王剛好揮動黃鉞白旄，此時風又正好停止，再加上人們喜歡附會褒增的心理，幾種巧合，共構武王能嚇止風雨的神蹟。按此例，王充揭示另一個可能，即事象的背後是自然偶適，並不是天人感應的展現。不管是自然偶適或天人感應，如無進一步的證據，兩者對這件事的解釋都說得通，王充以想像法來論證，雖然不能完全否定天人感應說，但也能引發人們的懷疑，激起探求事情真象的動機。

綜合以上諸例，王充依據歷史事件的情境，分析人們畏懼、羞愧、好奇、誇大的心理及感官的錯覺，以豐富的想像力，組合事件的原貌，使得歷史事件的神秘性消失，重新回復到人們常識能夠理解的現實面。王充將神祕的建構一一拆解，他運用的歷史想像是以"巧合"代替"因果"，以"常識"代替"神奇"，並且以心理分析破斥謊言的編織。雖然他所設想出來的圖樣，未必符合歷史的真象，但是以現代的眼光來看，起碼比原先的傳說更接近事實。神奇的傳說往往是真假攙雜，如何淘汰僞說，篩選出具有歷史價值的真實情況？王充的智慧或有可供藉鏡之處。

第二節　因時制宜法與比較法

因時制宜法是指「對事物和現象產生存在的特定時間，以及事物和現象所處發展的不同階段的時間，進行具體分析，並做出相應判斷的思維方法。」（註三）某一思想可能是在特定時空環境下的產物，如果現今的環境與前代不同，則某一思想可能已經無法滿足當代的需求。所以藉著因時制宜的思維來批判他人的論點，是一種有用的工具。任卓宣論批判方法，其一是「從時代著眼來做批判，在於看對方思想是否合於時代，或是否合於時代的需要？如其答案爲否，那就不是真理，不是時代真理而成爲過去了。」（註四）王充雖云：「時同作殊，事乃可難，異世異俗，相非如何？」〈順鼓篇〉不同時代，有不同的思想需求。不能以今非古，或以古非今。然而如果世異仍然俗同，舊的習俗沿襲至今，是否仍然適用，值得人們重新評估且做更深的入考察，「因時損益」（〈謝短篇〉）、「權時制宜」（〈答佞篇〉）如舊觀念不適於今天的環境，那就有修正的必要。

「比較法本是人之最原始而最自然的思想方法。因人只要接觸兩個以上之具體事物，人即可施行比

註三：張永聲主編《思維方法大全》，頁一六九。
註四：任卓宣《思想方法論》，頁四〇八。

較。…人亦恆自然的將所接之各種天文上、地質上、地理上、生物界、社會界及歷史中種種之事物加以比較，以構成各種常識與科學知識。」(註五)透過事物間的比較，我們可以更淸楚的看出，每一種現象所具有的真正意義和歷史變動的軌跡。在批判上，運用比較的結果，做爲估量優劣的依據，可以有效的避免個人偏見的涉入，「兩刃相割，利鈍乃知」(〈案書篇〉)。比較法的運用，可使被批判者能得到更公平的審斷。

一、因時制宜法

例一：世俗忌諱受過刑的人上祖墳祭拜。王充批判說：

> 慚愧先者，謂身體刑殘，與人異也。古者肉刑(註六)，形毀不全，乃不可耳。方今象刑；象刑重者，髡鉗之法也。若完城旦以下，施刑，彩衣繫躬，冠、帶與俗人殊，何為不可？世俗信而謂之皆凶，其失至於不弔鄉黨屍，不升他人之丘，惑也。(〈四諱篇〉)

註五：引自唐君毅《哲學概論》，頁二〇一。
註六：原文「古者用刑」劉盼遂引孫詒讓注云：「案用當作肉」孫氏說法，義較顯明，今從之。

王充認爲，古時候對於犯罪的人，處罰的方式是使用肉刑，讓刑徒身體殘缺，在「愧負刑辱，深刻自責」的情況下，不得登墓祭拜。今天(東漢)法律對於犯罪的人，處罰的方式是使用象刑，這種刑罰不再是割鼻斷足，而是對罪犯杖刑後，讓他穿上特殊顏色的衣服服勞役，有的還剃去頭髮，頸上束鐵摳，所以刑徒不再是身體殘缺的人。「徒不上丘墳」的忌諱合乎古代的義理之禁，但在王充所處的東漢，有必要揚棄「徒不上丘墳」的禁忌，因爲此一觀念，已不符合東漢時代的環境。按此例，王充是以時代的變遷，說明古代的風俗禁忌，不一定仍適用於今日，他所運用的是"因時制宜"的思維方法。

二、比較法

例二：世俗之人好「褒古而毀今」認爲「上世之人質樸易化，下世之人文薄難治。」；「上世之人重義輕身…今世趨利苟生」。王充則主張「古今一也」的歷史觀，與好古派對抗。〈宣漢〉篇進一步評斷儒者所說的「五帝、三王致天下太平；漢興以來，未有太平。」王充藉著周與漢在各方面的比較，得出周不如漢的結論，現將〈宣漢篇〉中的說法整理如下：

1、符瑞的比較：

周之受命者文、武也；漢則高祖、光武也。文、武受命之降怪，不及高祖、光武初起之

祐。孝宣、孝明之瑞（註七），美於周之成、康、宣王。孝宣、孝明符瑞，唐、虞以來，可謂盛矣。

2、德化之比較：

今上即命，奉成持滿，四海混一，天下定寧。物瑞已極，人應斯隆（註八）。唐世黎民雍熙；今亦天下脩仁，歲遭運氣，穀頗不登，迴路無絕道之憂，深幽無屯聚之姦。周家越常獻白雉，方今匈奴、鄯善、哀牢貢獻牛馬。……古之戎狄，今之中國；古之裸人，今被朝服；古之露首，今冠章甫；古之跣跗，今之高舄（註九）。以磐石為沃田，以桀暴為良民，夷埳坷為平均，化不賓為齊民，非太平而何？

3、領土面積：

周時僅治五千里內，漢氏廓土，收荒服之外。（〈宣漢篇〉）

總結上面的比較，「夫實德化則周不能過漢，論符瑞則漢盛於周，度土境則周狹於漢，漢何以不如周？」王充分別比較周與漢在符瑞、德化與土地開闢的優劣表現，以批評儒者"周盛於漢"的說法。

例三：對於世儒不能以開闊的視野來看待當今（東漢）的歷史，王充於〈宣漢篇〉中，以「高漢於周，

註七：原文無"明"字，劉盼遂注曰：「明上亦當有一孝字。」今依劉氏說法補入。
註八：原文「人應訂隆」劉盼遂曰：「訂隆當是斯隆之誤」今依劉氏注文校改。
註九：原文「今之商舃」。劉盼遂引吳承仕注：「商當作高」今依吳說校改。

擬漢過周。」來批駁儒者的歷史觀。於〈恢國篇〉中進一步「極論漢國，在百代之上。」就〈恢國篇〉諸多的論證之中，節錄如下：

黃帝、堯、舜，鳳皇一至。凡諸眾瑞，重至者希。漢文帝黃龍、玉棓；武帝黃龍、麒麟、連木；宣帝鳳皇五至，麒麟、神雀、甘露、醴泉、黃龍、神光；平帝白雉、黑雉；孝明麒麟、神雀、甘露、醴泉、白雉、黑雉、芝草、連木、嘉禾，與宣帝同奇，有神鼎、黃金之怪。一代之瑞，累世不絕，此則漢德豐茂，故瑞祐多也。孝明天崩，今上嗣位。元二之間，嘉德流沛；三年，零陵生芝草五本；四年，甘露降五縣；五年，芝復生六本，黃龍見，大小凡八。前世龍見不雙，芝生無二，甘露一降；而今八龍並出，十一芝累生，甘露流五縣，德惠盛熾，故瑞繁夥也。自古帝王，孰能致斯？（〈恢國篇〉）

符瑞是帝王德惠的象徵，也是儒者論證太平盛世的依據。王充以漢代符瑞數量遠多於百代，論證漢代的功德在百代之上。

總結上例，王充以因時制宜法，來批判不合現今社會境況的世俗忌諱，運用比較的結果，批判崇古的思想。這兩種批判法，都是以事實做爲分析的依據，頗能說服人心。不過王充以領土面積或文化發展當成帝王功業德化盛衰的指標，較具實質意義；以符瑞數量的多寡，做為漢代功德盛於百代的證據，則顯得虛華不實。可見王充仍未完全擺脫漢儒天人感應觀的影響。

第三節　從動機上著眼的批判

就心理學上的解釋，動機是指「引起個體活動，維持已引起的活動，並導使該活動朝向某一目標的一種內在歷程。……動機本身是一種中間變項，不能直接觀察，只能按個體當時所處情境及其行為表現去推理解釋。」(註十)批判某一說法是否正確，可從言說者動機上著眼，考察對方的思想「是否出於光明正大，無私無求？是否出於研究真理，說明事實；是否出來本來意願，並無它求。知其為否，那就不道德、不客觀、不純潔、不誠懇、不真實，其思想也就是錯誤的、虛偽的，不足重視或沒有效力的了。」(註十一)王充重視人們言行的動機，以動機的良善與否來評斷善惡，在「心善，無不善；心不善，無能善。」(〈定賢篇〉)的前提下，他認為人們可藉著動機的考察，來分辨賢人、佞人。〈答佞篇〉云：「察其

註十：張春興《心理學》，頁四〇二。
註十一：參考任卓宣《思想方法論》，頁四一九。

發動，邪正可名。」（〈答佞篇〉）以上是王充純就道德上的應然問題，來考察動機與言行的一致性。如果就知識的實然問題觀察，較常出現的是爲了私人的利益，來編造不符合事實的虛言；也有動機良善，爲了勸化世人，說出不符合事實的謊言。雖然某人動機的善惡與否，和某人言論的真假，並無必然的關係，但考察一個人的動機有沒有扭曲事實的需要，約略可推測出其言談的真假。王充較少做道德性的批判，以動機爲著眼的批判，多偏重後者。

例一：說《尚書》者曰：「祖伊諫紂曰：『今我民罔不欲喪。』罔，無也，我天下民無不欲王亡者。」王充批判說：

> 紂雖惡，民臣蒙恩者非一，而祖伊增語，欲以懼紂也。故曰：「語不益，心不惕；心不惕，行不易。」增其語欲以懼之，冀其警悟也。蘇秦說齊王曰：「臨菑之中，車轂擊，人肩磨，舉袖成幕，連衽成帷，揮汗成雨。」齊雖熾盛，不能如此。蘇秦增語，激齊王也。祖伊之諫紂，猶蘇秦之說齊王也。賢聖增文，外有所為，內未必然。（〈藝增篇〉）

王充認爲祖伊勸告紂王的動機，是出於憂國憂民，期使紂王能夠幡然醒悟。激勵要能產生效果，就要誇大事實的嚴重性，使紂王心生畏懼，改過遷善。祖伊的勸戒，如果從道德的角度評判，可說是「善言」。然此例，王充以是否合乎事實爲批判的標準，祖伊的諫言，是不合事實的增言。王充提醒人們「賢聖增文，外有所爲，內未必然。」聖賢之論說未必是事實真理。

例二：„楚惠王食寒葅而得蛭，因遂呑之，腹有疾而不能食。令尹問王：「安得此疾也？」王曰：「我食寒葅而得蛭，念譴之而不行其罪乎？是廢法而威不立也，非所以使國人聞之也。譴之行誅乎？則庖廚監食者，法皆當死，心又不忍也。吾恐左右見之，因遂呑之。」令尹避席再拜而賀曰：「臣聞天道無親，唯德是輔。王有仁德，天之所奉也，病不爲傷。」是夕也，惠王之後而蛭出，及久患心腹之積皆愈。"

人們認爲這件事是上天愛護有德者的明證，王充批判說：

> 食生物無不死，死無不出；之後蛭出，安得祐乎？令尹見惠王有不忍之德，知蛭入腹中必當死出，因再拜，賀病不為傷（註十二）。著己知來之德，以喜惠王之心；是與子韋之言星徙，太卜之言地動，無以異也。（福虛篇））

王充依一般的常識，論證惠王蛭出是自然的現象。這種現象，早就爲令尹所預見。但是令尹爲了突顯自己能預知未來的能力，刻意將惠王有「不忍之德」與「蛭入腹中必當死出」這兩件本無關聯的事項，說成彼此間具有因果關係。令尹編造謊言的動機，是爲了「著己之德，以喜惠王之心。」這種情況與「子

註十二：原文「臣因再拜賀病不爲傷」，劉盼遂云：「臣系因之形僞而衍」，今從劉盼遂的說法刪去臣字。

韋知星行度適自去，自以著己知，明君推讓之所致。」、「太卜言地動也。地固且自動，太卜言己能動之。」（〈變虛篇〉）都是想要顯耀自己的能力，他們的動機同出於私求，蓄意編造，扭曲事實的真象。

例三：「世俗信禍祟，以爲人之疾病死亡，及更患被罪，戮辱懽笑，皆有所犯。」王充批判說：

人君惜其官，人民愛其身，相隨信之，不復狐疑。故人君興事，工伎滿閤；人民有為，觸傷問時。奸書僞文，由此滋生。巧惠生意，作知求利，驚惑愚暗，漁富偷貧，愈非古法度聖人之至意也。（〈辨祟篇〉）

人們相信禍祟是因認同奸書僞文及工伎射事者的說法。工伎射事之人，利用人們害怕喪失權位及傷害身體的心理；藉著自己的小聰明，憑空捏造「擇日獲福，觸忌遭禍」的言論。他們背後的動機。並不是爲了告訴人們真知，而是想從中獲取自身的財富利益。

例四：儒者說云：「觟觶者，一角之羊也。性知有罪，皋陶治獄，其罪疑者令羊觸之。有罪則觸，無罪則不觸，斯蓋天生一角聖獸，助獄爲驗。故皋陶敬羊，起坐事之，此則神奇瑞應之類也。」王充批判儒者的說法：

或時觟觶之性，徒能觸人，未必能知罪人。皋陶欲神事助政，惡受罪者之不厭服，因觟

解觸人則罪之，欲人畏之不犯，受罪之家，沒齒無怨言也。（〈是應篇〉）

獨角之鮭觶不見得能知有罪之人，皐陶稱鮭觶只觸有罪之人，是想要依靠神事立化，使百姓不敢輕易犯錯，犯罪的人也能誠心服過。皐陶的動機雖然良善，但也爲後人留下世間是否真有神奇瑞物的疑惑。變復之家更趁機大肆渲染，以證明祥瑞的存在。王充以人度人，深入皐陶的內心深處，探討皐陶可能存在的動機，爲世人拂去塵封的心靈，開啓至辨析真僞的智慧。

總結上例，謊言往往是出於臣子想要勸戒君王，或顯耀自己的才能，也可能是工伎卜算者爲了金錢利益所做的編造。他們的動機或善或不善，但同樣都是爲了達到某種目的，不惜誇大事實或編造謊言。工伎卜算者的話固不可信，賢聖的言談內容，在還沒經過理智的辨析之前，也不能以事實來看待。人的動機是最難捉摸的，現代心理學者以語文或實作等測驗技術，測量人們的內在動機，但測量的結果也僅是概略的情況，無法達到完全的效度。（註十三）王充或有機會與工伎射事者談論其動機，但皐陶、祖尹、令尹與王充所處的年代相隔久遠，王充也只能以己意猜測或以蘇秦、子韋、太卜等相似的事例來類推其動機，類推的結果是概然的，王充的論證不完全可信。

註十三：參考楊國樞《心理測驗學》，頁一六－二七。

第四節　以實踐與推論的結果論證

某一思想是否可行，除了考察其立論的完整性、正確性外，我們也可從「對方思想底實踐之有無成功？是否可行？是否發生效用和流弊？如果無成功，不可行，未發生效用，而發生流弊，那麼對方的思想便是錯誤的。」（註十四）由實踐的結果來評斷得失，是一個方法；也可藉由推論，推出其結果不能得到效用，來評鑑對方的思想。王充所重視的效驗，除了著重常見事物的旁徵博引和文獻記載外，更以“能用”的觀點，來考察認知的價值。「入山見木，長短無所不知；入野見草，大小無所不識。然而不能伐木以作室屋，采草以和藥方，此知草木所不能用也。」（〈超奇篇〉）所涉及的知識再廣博，立論再完善，如果不能用以解決人類社會中的問題，甚至產生反效果，則這種知識是不足取的。

例一：王充於〈非韓篇〉中，批判法家「明法尙功」的思想，韓非子曾稱道「太公之法」，認爲「太公之法」講求有益實效，符合法家的治道，所謂「太公之法」是「齊有高節之士，曰狂譎、華士。二人，昆弟也。義不降志，不仕非其主。太公封於齊，以此二子解沮齊眾，開不爲上用之路，同時誅之。韓子善之，以爲二子無益而有損也。」王充批評韓非子所稱道的太公之法說：

註十四：任卓宣《思想方法論》，頁四二六。

> 案古篡畔之臣，希清白廉潔之人。貪，故能立功；憍，故能輕生。積功以取大賞，奢泰以貪主位。太公遺此法而去，故齊有陳氏劫殺之患，太公之術，致劫殺之法也。韓子善之，是韓子之術亦危亡也。（〈非韓篇〉）

太公受封於齊，誅清廉的高士，等於鼓勵臣民貪利好功。齊國實施「太公之法」導致齊康公「二十六年，康公卒，呂氏遂絕其祀。田氏卒又齊國，爲齊威王，彊有天下。」（《史記・齊太公世家》）田氏(即陳又叫田常）篡齊，正是太公之法的流弊。王充從思想實踐的結果，來論證思想的良窳，更由太公之法的批判，推測認同太公之法的韓非子，他的法術思想，同樣會使國家導向危亡的道路。

例二：韓非子主張「責功重賞，任刑用誅。」並且認爲這是因應「世衰事變，民心靡薄。」所提出的治術。王充主張治國須「德力兼備」，反對獨任刑罰，他批判韓非子說：

> 周穆王之世，可謂衰矣，任刑治政，亂而無功。甫侯諫之，穆王存德，享國久長，功傳於世。夫穆王之治，初亂終治，非知昏於前，才妙於後也；前任蚩尤之刑，後用甫侯之言也。夫治人不能捨恩，治國不能廢德，治物不能去春，韓子欲獨任刑用誅，如何？（〈非韓篇〉）

案《尚書‧呂刑》記載：「蚩尤惟始作亂……惟作五虐之刑曰法，殺戮無辜。爰始淫於劓、刵、椓、黥，越茲麗刑并制，罔差有辭。」穆王最初取用蚩尤的五刑來治國，割鼻、截耳、去陰、刻面以墨漬、死刑等五種刑法極盡殘忍，以刑治亂的結果是「亂而無功」；穆王後改用甫侯之言(註十五)按《尚書‧呂刑》是周穆王採用甫侯之言所頒布的文告，其內容並非廢止五刑，而是不濫用五刑。對於罪證確鑿者仍正之以五刑；如果罪證不是十分充足，仍有疑點，則改以易科罰金；如果罪證仍不足以易科罰金，則無條件赦免。甫侯之言的宗旨在於「惟敬五刑，以成三德」，穆王慎刑崇德的結果（註十六），「享國久長，功傳於世。」王充依據穆王「任刑無功」、「尚德國治」的結果，來批判韓非獨任刑罰，並非長治久安的良策。

例三：聖人「懼開不孝之源，故不明死無知之實。」因爲明言死後無知，可能會造成臣子背棄他們的君王和父親，動搖儒家所建立的倫常基礎。王充批判說：

註十五：屈萬里注《尚書‧呂刑》云：「呂，《孝經》《禮記》及《史記》等俱作甫。便讀云：『呂、甫同音字通。』

註十六：以上參考《尚書‧呂刑》原文：「……惟敬五刑以成三德……墨辟疑赦，其罰百鍰，閱實其罪。劓辟疑赦，其罰惟倍，閱實其罪。剕辟疑赦，其罰倍差，閱實其罪。宮辟疑赦，其罰六百鍰，閱實其罪。大辟疑涉，其罰千鍰，閱實其罪。墨罰之屬千，劓罰之屬千，剕罰之屬五百，宮罰之屬三百，大辟之罰，其屬二百：五刑之屬三千。」以上參見屈萬里《尚書釋義》頁一九五―一九七

使死者有知，倍之非也；如無所知，倍之何損。明其無知，未必有倍死之害；不明無知，成事已有賊生之費。（〈薄葬篇〉）

明死人無知和不明死人無知的結果，分別是”不一定有違背死人的禍害“和眼前已經面臨”浪費財物，使生人的生活，陷入匱乏的困境“。王充認爲不明死後無知的後果，已造成人民浪費財物，戕害活人的生計，所以聖人不明講死後無知，是不智的舉動。

例四：世俗「信祭祀，謂祭祀必有福；又然解除，謂解除必去凶。」王充反對這種說法，王充說：

夫論解除，解除無益；論祭祀，祭祀無補；論巫祝，巫祝無力。竟在人不在鬼，在德不在祀，明矣哉！（〈解除篇〉）

論解除的人，以爲解除的方法可以趨吉避凶；信祭祀的人，認爲祭祀的結果可以得福。然王充經過一番的引據與推論，得出「解除無益」、「祭祀無補」、「巫祝無力」的結論。王充以解除、祭祀的結果，並不能得到預期的效果，來駁斥世俗的觀念。由破而立，王充最後指出避凶得福的方法「在人不在鬼」、「在德不在祀」。

綜合上例，王充以政治思想的實踐不能獲得正面的功效，錯誤的觀念造成劉弊，世俗消災解禍的宗教活動無法達到預期的效果，來批判先秦的法術思想和漢代的社會習俗。「道爲功本，功爲道效。」（〈定賢篇〉）王充以觀念或理論實踐的結果，不能達到預先設定的功效；或理論經實踐一段時間後所產生的流弊，來批判聖賢的治術。這種批判方法，雖然是一種有用的工具，然造成實踐失敗的原因，除了理論的不健全外，有時是由於「進行不力」、「用人不當」或「方法錯誤」甚至如王充所主張的，是因「時運不濟」（註十七）所致。一種道理雖是真實可行的，實踐時卻有可能遭受失敗的命運。因此以實踐的結果來批判，原論者仍存有很大的辯駁空間。

第五節　以揭露神秘的認知法批判

魔術之所以讓人感到神奇，是因爲人們無法洞悉魔術師使用的手法；如果魔術師的戲法被揭穿了，

註十七：〈定賢篇〉：「治國須術以立功，亦有時當自亂，雖用術，功終不立者；亦有時當自安，雖無術，功猶成者。故夫治國之人，或得時而功成；或失時而無效，術人能因時以立功，不能逆時以致安。」；〈偶會〉：「治亂成敗之時，與人興衰吉凶相遭遇。」

人們悟出其中的奧妙，將不再認爲魔術有何神奇之處。至今仍有些宗教運用神童"不可思議"的能力，來證明他們是神明的化身，使世人相信鬼神的存在。如果有人對於神童所擁有的能力做過研究，推論出神童所擁有的能力是"可思議"的，就可證明神童不神，最多只能算是千萬孩童中，出類跋萃的天才（註十八）。漢儒相信聖人能「前知千歲，後知萬世，有獨見之明，獨聽之聰，事來則名，不學自知，不問自曉，故稱聖則神矣。」—《白虎通》也說：「聖人所以能獨見前睹，與神通精者，蓋皆天所生也。」咸以聖人天生異秉，如同鬼神一般，能空知萬事萬象。王充反對這種說法，他說：「聖賢不能性知，需任耳目以定情實。」並且「案兆察跡，推原事類。」才能夠「見方來之事」，即未知之事，仍然需要靠已知的跡象來推論。「賢聖之才，皆能先知。其先知也，任術用數或善商而巧意。」（〈知實篇〉）。王充就聖人的認知方法做合理的解釋，以證明聖人不能空知，他的最終目的是推翻「聖則神矣」的說法。

例一：漢武帝時，「有李少君以祠灶、辟穀、卻老方見上，上尊重之。少君匿其年及所生長，常自謂七十，而能使物卻老…上有古銅器，問少君。少君曰：『此器齊桓公十五年陳於柏寢。』已而案其刻，果齊桓公器，一宮盡驚，以爲少君數百歲人也。」王充批判說：

武帝去桓公鑄銅器，且非少君所及見也；或時聞宮殿之內，有舊銅器，或案其刻以告之

註十八：對於神童之事，本文不擬深究，假設此事例，只是對題旨的補充說明。

者，故見而知之。今時好事之人，見舊劍古鉤，多能名之，可復謂目見其鑄作之時乎？

（〈道虛篇〉）

王充推測李少君能夠辨識齊桓公時代的鑄器，可能是有人事先告知少君銅器上的刻文，也可能他是一位古董專家，依照鑄器的特徵，來辨認鑄器的年代。所以李少君能辨識銅器，可能是透過他人告知他的聞知；或靠不斷經驗累積的心得。王充告訴世人"聞知""積習"都有可能知道鑄器的年代，不一定親見此器物鑄作的時候才能辨認。眾人之所以認爲少君是神仙，是因爲明白少君事先已經探得銅器的來歷。（註十九）

例二：儒者認爲聖人能「空知」，王充批判說：

夫聽聲有術，則察色有數矣。推用術數，若先聞見，眾人不知，則謂神聖。若孔子之見獸，名之曰狌狌；太史公之見張良，似婦人之形矣。案孔子未嘗見狌狌，至輒能名之；太史公與張良異世，而目見其形。使眾人聞此言，則謂神而先知。然而孔子名狌狌，聞昭人之歌；太史公之見張良，觀宣室之畫也。陰見默識，用思深秘。眾人闊略，寡所意

註十九：〈實知篇〉云：「若先聞之，眾人不知，則謂神聖。」

識，見賢聖之名物，則謂之神。(〈實知篇〉)

孔子從未見過猩猩，初次見到猩猩來時，即能說出猩猩的名稱。太史公從未見過張良，卻能推測張良的形貌好似婦人。王充說他們並非憑空知道，而是暗中記取「昭人之歌」的內容和觀看「宣室的壁畫」，且透過深秘的思考，才能認知。聖人「緣前因古，有所據狀；如無聞見，則無所狀。」(〈實知篇〉)世人淺陋，不瞭解聖人的依據及思考方法，以致於誤認聖人是神明的化身。

例三：世俗謂「聖人神而先知」，王充批判說：

孔子曰：「賜不受命而貨殖焉，億則屢中。」罪子貢善居積，意貴賤之期，數得其時，故貨殖多，富比陶朱。然則聖人先知也，子貢億數中之類也。聖人據象兆，原物類，意而得之；其見變名物，博學而識之，巧商而善意，廣見而多記，由微見較，若揆之今睹千載。所謂智如淵海，孔子見竅睹微，思慮洞達，材智兼倍，彊力不倦，超踰倫等，耳目非有達視之明，知人所不知之狀也。(〈實知篇〉)

猜測能夠屢次猜對是有依據的，憑空想像是無法做到「億則屢中」。聖人依據物類兆象，運用智慧，透過記憶、計算、聯想、推理等方法，才能先知。所以先知並不神，只要有適當的認識方法，同樣能夠擁有”料事如神“的能力。

例四：王莽之時「勃海尹方年二十一，無所師友，性智開敏，明達六藝。魏都牧淳于倉奏：『方不學，得文能讀誦，論義引五經文，文說議事，厭合人心。』帝徵方，使射蜚蟲，筴射無非知者，天下謂之聖人。夫無所師友，明達六藝，本不學書，得文能讀，此聖人也。不學自能，無師自達，非神如何？」王充批判說：

雖無師友，亦已有所問受矣；不學書，已弄筆墨矣。兒始生產，耳目始開，雖有聖性，安能有知？項託七歲，其三、四歲時，而受納人言矣；尹方年二十一，其十四、五時，多聞見矣。（〈實知篇〉）

尹方的表現符合「不學自知，無師自通」的聖人標準，所以世人認爲尹方是聖人。然王充認爲，尹方雖然沒有師友的教導和切磋，但是在十四、五歲以前，尹方是藉著耳目，不斷的接受外界信息的自我學習方式，才得以精通人情事故，閑熟五經六藝。世人執著於”師友教誨“的學習方式，才叫做學習，所以誤認尹方是不學自知的聖人。

綜合上例，被世俗之人視爲具有神性的聖人、賢人、神童，似乎都擁有「空知」、「先知」的能力。

然王充指出，其實他們只是運用類推、術數計算、博聞強記、音樂或器物所透露出的風格、無師自學、或別人的告知等方法來認識事物。除了善用方法外，他們本身也擁有靈敏的感覺、高超的智慧和廣博的知識等條件，使他們能料事如神；世人不知原由，才將他們當成神明看待。

第六節　詭僞的批判法

在論辯中感覺到對方的論點牢不可破的時候，可經由扭曲對方的論點，及將對方的論點擴大或縮小至一般人不能認同的地步，來達到批判的目的。這種詭僞的方法，不符合理性的要求；但從另一方面來說，就是因爲對方的理論在語言的使用上不夠嚴謹，或立論只能夠在某一狹小的範圍下成立，才使得批判者有機可乘。王充相當講求字義的精確性（註二十），懷疑不能推廣延伸的道理（註二十一），爲求

註二十：徐道鄰說：「在中國古書中，對於字義辨別的謹愼和細密，王充要首屈一指了。」，頁二〇三，《東海學報》，〈王充論〉，三卷一期。

註二十一：〈商蟲篇〉云：「他物小大相連嚙，不謂之災，獨謂蟲食穀物爲應政事，失道理之實，不達物氣之性。」；〈死僞篇〉云：「俱以無道爲國所殺，伯有能爲鬼，子皙不能，強死之說通於伯有，塞於子皙。然則伯有之說，杜伯之語也，杜伯未可然，伯有亦未可是也。」

事理通達四方，使得他的批判常常悖離原論題，做出不實的批判。雖說這種批判是非理性且無效的，但仍可讓人看出原論題在語言上和道理上的缺陷。

一、扭曲論題

例二：《論語》記載：佛肸召，子欲往。子路不悅，曰：「昔者，由也聞諸夫子曰：『親於其身爲不善者，君子不入也。』佛肸以中牟畔，子之往也，如之何？」子曰：「有是也，不曰堅乎磨而不磷？不曰白乎涅而不淄？吾豈匏瓜也哉？焉能繫而不食？」王充對孔子的言行提出嚴厲的批判，他說：

> 孔子之仕，不為行道，徒求食也。人之仕也，主貪祿也，禮義之言，為行道也；猶人之娶也，主為欲也，禮義之言，為供親也。仕而直言食，娶可直言欲乎？孔子之言，解情而無依違之意，不假義理之名，是則俗人，非君子也。儒者稱孔子周流應聘不濟，閔道不行，失孔子之情矣。（〈問孔篇〉）

案孔子言「吾豈匏瓜，焉能繫而不食。」是比喻的用語，其義是「匏瓜得繫一處者，不食故也。吾自食物，當東西南北，不得如不食之物，繫滯一處。」（註二十二）孔子急欲行道，又不爲諸侯所用，困守愁城的等待終不是辦法，總不能像匏瓜一樣長期滯留。佛肸雖然是叛臣，但是「天下無不可變之人，無不可爲之事。」（註二十三）只要有機會出仕行道，就有機會改變君主，實現孔子的政治理想。所以此處的「焉能繫而不食」是強調不願再羈留等待。王充先曲解這句話的喻義是「爲了求食而出仕」，從而評斷孔子是操行鄙陋的人，和俗人沒有兩樣。王充的批判犯了曲解語意的錯誤。

例二：流傳的風俗認爲：「起土興功，歲、月有所食，所食之地，必有死者。假令太歲在子，歲食於酉；正月建寅，月食於巳。子、寅地興功，則酉、巳之家見食矣。」王充批判說：

> **積日為月，積月為時，積時為歲，千五百三十九歲為一統，四千六百一十七歲為一元，增積相倍之數，分餘終竟之名耳，安得鬼神之怪、禍福之驗乎？（〈讕時篇〉）**

世俗認爲歲、月能食人，此處的歲、月本指歲神、月神。（註二十四）然王充看出世俗觀念中的歲、月

註二十二：劉寶楠《論語正義》，頁三七二。

註二十三：朱熹引張敬夫注曰：「然夫子於公山佛肸之召皆欲往者，以天下無不可變之人，無不可爲之事也。」《四書集注．論語．陽貨第十七》，頁四〇五。

註二十四：同篇有「歲、月之神怪，移徙而咎起功哉？用心措意何其不平」、「歲、月之神用罰爲害動靜殊

具有歧義，即歲、月亦兼指時間。古人以歲星(木星)紀年，所以一年又稱一歲，一歲有十二個月，所以王充認爲歲、月只是時間積聚的單位名詞。如果世俗以歲、月爲歲神、月神，王充卻將歲月解釋成時間單位，如此將使世俗的說法處於不利的位置，歲、月能食人的論點不攻自破。

二、縮小論題

例三：傳說黃帝得道成仙，甚至「太史公記誄五帝，亦云黃帝封禪已，仙去，群臣朝其衣冠，因埋葬之。」王充駁斥說：

> **案黃帝葬於橋山，猶曰群臣葬其衣冠。審騎龍而升天，衣不離形；如封禪已，仙去，衣冠亦不宜遺。**（〈道虛篇〉）

王充認爲黃帝如果騎龍升天，此時身上所穿的衣冠應該不會離開黃帝的身體；如果黃帝成仙而去，他的衣帽也不該留下。就王充的說法，好像言之成理，然帝王平日所穿戴的衣冠千百套，群臣所埋的衣冠，

致，非天從歲、月神意之道」、「歲、月天之從神，飲食與天同」以上皆肯定歲、月是神名。

不見得是黃帝成仙當時所穿的那一套，王充卻暗中預設所埋之衣冠是成仙當時所穿著的那一套。依此例，群臣所埋的衣冠可能是不特定的一套，王充卻理解成成仙當時所穿的那一套。由不特定變成特定，王充可能縮小了原來的論旨。

三、擴大論題

例四：言災異的變復之家謂「虎食人者，功曹爲奸所致也。」王充批判說：

夫虎，毛蟲；人，裸蟲。毛蟲飢，食裸蟲，何變之有？（〈遭虎篇〉）

「虎食人」是應功曹爲奸。王充將論題中的虎類擴張成毛蟲之類，人類擴張成裸蟲之類，如此，「虎食人」的論題，跳躍成「毛蟲食裸蟲」。「毛蟲食裸蟲」所呈現的是萬物相囓食的自然現象，已失去原先「虎吃人」的血腥味，人們如果不仔細察覺王充擴大原論題，將很容易認同王充「何變之有？」的主張。

例五：儒者稱道：「鳳凰麒麟爲聖王而來，以爲鳳凰、麒麟仁聖禽也。」王充批判說：

案人操行，莫能過聖人，聖人不能自免於厄，而鳳、麟獨能自全於世，是鳥獸之操，賢

於聖人也。且鳥獸之知，不與人通，何以能知國有道與無道也？人同性類，好惡均等，尚不相知；鳥獸與人異性，何能知之？人不能知鳥獸，鳥獸亦不能知人，兩不能相知，鳥獸為愚於人，何以反能知之？儒者咸稱鳳凰之德，欲以表明王之治，反令人有不及鳥獸，論事過情，使實不著。（〈指瑞篇〉）

原論題是神聖的鳳凰、麒麟能察知國有道、無道，來做爲出現與隱藏的抉擇依據，王充卻暗中將鳳凰、麒麟改寫成鳥獸。雖說鳳凰、麒麟可能是屬於鳥獸中的次類；然鳳凰、麒麟在能力與德行等內涵上，畢竟不完全等同於一般人對鳥獸的觀念。案此例，王充以一般之鳥獸，來代替仁聖之鳥獸，擴大原先的外延，使原論題變得脆弱，再予以批判。

綜合以上諸例，王充忽略了原論題的言外之意和同類間的個別特質，從而扭曲原來的語意或擴大、縮小原先的類屬概念，使人產生「孔子求食」、「時間的單位不能食人」、「物類相食是自然現象」、「鳳鱗是鳥獸，所以無知」等似是而非的印象，然這些論斷與原先的題旨不符，王充批判的本身同樣犯了了邏輯上的謬誤。不過王充的批判，亦使我們的認知產生失衡，再重新檢視時，發現原論題在語言上具混淆、歧義等謬誤，在道理上也有不能貫通的弊病。

第七節　以自然主義的世界觀批判

評定一個特定的理論或結論時，我們已有的信念，稱爲背景信念；背景信念的架構，就是一個人的世界觀。(註二十五)世界觀可以說是人們評斷事物的基礎，王充批判虛妄說常取道家的觀點爲批判的依據。他說：「論之所以別難也，說合於人事，不入道意，從道不隨事，雖違儒家之說，合黃老之意。」(〈自然篇〉)同樣的，李約瑟也曾評論王充說：「否定天之意識，而持自然主義之世界觀，自然被用爲口頭禪。」(註二十六)

例一：東漢論災異者，「謂古之人君爲政失道，天用災異譴告之也。」王充評論說：

夫天道，自然無為(註二十七)。如譴告人，是有為，非自然也。黃老之家，論說天道，得其實也矣。(〈譴告篇〉)

註二十五：劉福增編繹《邏輯與哲學》第十四章 關鍵語詞，頁四一三—四一四。
註二十六：李約瑟《中國之科學與文明》，第三冊，頁三八。
註二十七：原文「夫天道，自然也，無爲」劉盼遂引吳承仕注曰：「也字衍」今依此注刪去〃也〃字。

王充確信天道自然無爲的觀點，並以此爲標準，檢核天能譴告人的說法，知譴告說不符自然無爲的觀點。既然天道自然無爲是得其實；那麼不符合天道自然無爲的說法，就是悖離事實的虛說。

例二：言天是有意志的人，認爲「天生五穀以食人，生絲麻以衣人。」王充批判說：

此謂天為人作農夫、桑女之徒也。不合自然，故其義疑，未可從也。試依道家論之：天者，普施氣萬物之中，穀愈飢而絲麻救寒，故人食穀、衣絲麻也。夫天之不故生五穀絲麻以衣人，由其有災變不欲以譴告人也。物自生而人衣食之，氣自變而人畏懼之。以若說論之，厭於人心矣。如天瑞為故，自然焉在？無為何居？（〈自然篇〉）

王充確信萬物的運作是自己如此，並非天有意識來控制萬物的生長。他認爲「天是爲人生五穀絲麻」的說法，並不符合自然的觀點，所以不可信從。按此例，王充仍是以自然的觀點爲信念，以不符合此信念者爲虛妄。

綜合上例，王充批判天是有意志的能降災異、祥瑞的說法，與自然無爲的觀點相抵觸，所以不能得實。王充的是立基於道家的自然觀，並用此觀點來檢驗儒者的譴告說。道家的觀點比較接近當代人們在科學上的認知，對於譴告說的批判容易得到現今學者的認同。林麗雪評論王充立論的特色云：「王充在

《論衡》中企圖以世界本身解說世界，排除超自然力之干預，這種方法對疾虛妄最具卓效」（註二十八）黃暉更進一步歸納王充《論衡》是「爲用道家的自然主義，攻擊儒教的天人感應說。」（註二十九）然而依據個人的世界觀來評斷是非的批判方法，並不必然具有說服力，因爲每一個人都有著不同的背景信念。對於與你有相同信念的人，將對你的批判產生共鳴；對於另一個與你信念相左的人，也許會認爲你的批判不足取。如果我們的世界觀是普遍受到人們的贊同，則這種批判不失客觀；如果我們的觀點只是偏於一曲的成見，則這種論斷可能造成謬誤。王充云：「科用累能，故文吏在前，儒生在後，是從朝庭謂之也；如從儒堂訂之，則儒生在上，文吏在下；從農論田，田夫勝；從商講賈，賈人賢。」如此的「論斷是非真假不根據事實或邏輯，卻拿成見做標準，這種思考方式，便是訴諸成見的論式。」（註三十），王充批判虛妄說常取道家自然的觀點爲批判的依據，然學術是多面的，王充的做法也難免有「從農論田」、「從商講賈」的嫌疑。

註二十八：林麗雪《王充》，頁一九八。

註二十九：引自黃暉《論衡校釋・自序》，頁二。

註三十：王讚源〈思考的盲點－思想方法探討之一〉，《中華文化復興月刊》二十二卷八期，頁三〇，一九八九年八月出版。

本章結語：

依本章所論，王充以歷史的想像、因時制宜的思維、比較法的運用、動機及結果的批判、揭露認知方法、詭僞的方法、或以道家的自然觀當成批判的工具。從以上各種方法的運用來分析，王充在方法的運用上靈活多變，他雖講究理性思維，「以明察非，以理詮疑」，但也不排斥非理性思維的運用。想像法是造成眾多謬誤的主因（註三十一），然王充以人們的心理、生理等實際境況爲線索，使想像不致流爲空泛的幻想；誤解語意、擴大或縮小論題，雖犯了邏輯上的謬誤，但王充並無意犯此謬誤，因爲他認爲事理必須能放諸四海，要求語言必須清析可讀，才會以更高的標準來評斷聖賢及世俗的說法；以道家的自然觀來駁斥“天是有意志的能譴告君主”的說法，如此的批判，只能說裁判者執一方之是，來評斷另一方之非；並不是以公是公非、真是真非來做客觀的評判。這種方法是可議，但我們可以從中分析出

註三十一：高帆《虛假論》云：「當想像爲胡想時，往往產生荒唐的觀念；當想像具有自我中心性特點時，往往產生神話和誣陷等現象；當想像具有誇大性特點時，往往造成詆毀、流言、謠言；當想像具有類比特性時，往往產生機械的、形而上的科學觀、哲學觀等。在以上幾種情況下，想像並沒有帶來陽光雨露，而是帶來了霜風雪雨。」，頁七七－七八，遼寧：人民出版社，一九九六年一月，三次印刷。

王充的思想具有鮮明的道家色彩。至於比較法、因時制宜法、動機論證、實踐論證至今仍是人們所慣用的批判方法，王充在運用上也能恰道好處。

第六章　結　論

自西漢立國以來，學術由百家匯流，走向儒術獨尊的局面。儒術自身的發展亦走向神秘化，學術上的走向偏離正軌，間接的也影響到整個社會風氣。學術將社會帶入祟尙忌諱、迷信、奢靡的境地，人們長久浸淫其中，失去辨析真僞的理智，以荒誕爲正常，終至不可自拔的地步。王充生於學術晦暗的年代，毅然挑起改造社會的重任，他所採取的方法是著書批判，想藉此重新導正社會風氣。《論衡》一書正是王充的瀝血之作，此書頗能震動人心，所具的批判性更是不容置疑。批判是否能夠折服人心，得之於批判者的學識素養。王充天賦聰穎，從小深受家族的影響，再加上自身不斷的學習與工作的磨鍊，各種因緣際會，使得王充的批判性格日漸滋長茁壯。

分析王充批判虛妄說所採用的方法：首先是以事實爲駁論的依據，王充直接引用觀察訪問的結果、文獻資料、自然科學的研究成果、歷史知識、數量等論據；或間接的依據周遭環境的限制、能力的極限等證據來否證虛說。除了引用積極的證據，王充也以消極的找不到證據或無法證明來駁斥不實的說法。批判虛妄的說法如果一味的引用事效，有時仍不足以證定是非。爲了彌補事效的不足，王充進一步藉著心意推論，來詮釋疑問。王充所運用的推論方法與現今邏輯上的歸納法、定言三段論式、假言推理、兩難推理、類比推理等，有諸多吻合之處，可見王充是一位具有高度邏輯思維的思想家。虛妄的說法，往往藉著美麗的包裝，似是而非的詭論，來蠱惑人心。王充剖析謬誤，指出聖賢的言行、世俗的傳說忌諱等存在著許多不一致的觀點，及因果誤判、觀察不周、證據壓抑、輕重失衡、書籍崇拜等謬誤；除此之外，語言的運用過度簡約、具歧義和名實不符等謬誤，也使簡易的事理變得混淆且神祕。王充揭開似真的包裝，使沉溺世俗的人，能夠認清事實的真象，由內心產生懷疑，進而拋棄虛妄說的桎梏。王充有時也兼用想像、比較、因時制宜、動機批判、實踐結果批判、揭露認知的方法、自然主義的觀點審核，甚至不惜扭曲、擴大或縮小原論題，來達到批判的目的，第五章所論述的方法，含有較多的主觀臆測和偏見。

綜言王充在批判方法的運用上，具有以下的特點：一、注重客觀事事，富有科學求精求實的精神；二、不厭其煩的多舉事例，歸納結果，以獲取更有力的批判；三、從不同的角度及運用各種方法駁論同一論題，使得虛妄說無所遁形；四、針對不同的論題所採取的方法亦有不同的偏重；五、採用的方法吻合現代的邏輯思維；六、批判的過程中，理性思維與非理性的思維交互攙雜；七、虛妄說之所以能迷惑人心，是因其其論述真假相依；王充所採取的對應之道是不完全否定原論題，強調去僞存真。

王充在方法的運用雖然具有高度的邏輯思維，但也有值得檢討的地方：一、王充常援用俗論以駁斥俗論，又不明言自己只是權用對方的觀點，使後世研究王充的學者，亦深陷在這種矛盾之中，無法解析王充真正的主張；二、過度的相信類推法的效用，無限的擴大類推的範圍，在運用上常造成「馬足、人手同一實」（〈效力篇〉）「百姓，魚獸之類也。」（〈自然篇〉）等相似性不足的異類間的推衍。（註一）王充甚至以類推的結果，來支持土龍能招雨的觀點，同樣使自己掉入虛妄的泥淖之中；三、凡事求精確有助於科學的發展，但王充以理性的思維來檢核具感性的宗教活動，可能使人們失去精神的寄託；科學的語言應求精確務實，文學的語言不妨誇大增飾，王充過度強調文辭的精確性，可能會扼殺語文的活力與美感；四、王充對某些事實的認定或過於主觀，或考辨能力不足，或受時代的限制不能認清事實的真象，這些都是凡事講求真實精確的王充，較不可取的地方。

在中國哲學史上，王充一直是受到爭議的思想家，歷來學者對王充也有許多不同的評價。個人在研究過程中，也深深覺得學者給予博辯、實證精神、邏輯思維、學術氣息具現代感等評價是適切的。從先秦至兩漢，諸子及史學家的論著，已展現高度的實證精神與邏輯思維；依此，王充在方法的運用上似乎不足多道。然而《論衡》被東漢末年的知識份子定位為「奇書」，且認為可從中獲取談辯的智慧。《論衡》一書之所以能讓人耳目一新，除了思想上能獨樹一格外，王充能夠集中運用各種方法於批判實踐，是《論衡》與眾多經史典籍的重要區別。王充並不汲汲於方法論的

註一：醫學上或心理學上雖可藉由動物的實驗，將動物的藥物反應或學習情況，類推到人類的身上；但總不上以某一群人為實驗對象，將結果類推到其他人的身上來得精確有效。

建構，然從《論衡》的論證方法，見到相同的論式一再出現，我們很難將這種現象視爲偶然巧合；王充的心裡應該有一套爲自己所用的論證法則且於批判的過程中實踐，只可惜他並未將這些方法做更深密的闡述，希望本論文的研究，能夠彌補這方面的缺憾。

參考書目

一、書籍類

《論衡》注譯及相關研究論著：

劉盼遂《論衡集解》，臺北：世界書局，一九九〇年十一月四版。
黃暉《論衡校釋》，臺北：商務印書館，一九六五年八月初版。
孫人和《論衡舉正》，上海：上海古籍出版社，一九九〇年六月一版第一次印刷。
袁華忠、方家常譯注《論衡》，臺北：臺灣古籍出版社，一九九七年八月初版。
鄭文《論衡析詁》，成都：巴蜀書社出版發行，一九九九年第一次印刷。
黃雲生《王充評論》，臺北：三信出版社，一九七五年六月。
陳叔良《王充的思想體系》，臺北：臺灣商務印書館，一九八二年十月初版。
李偉泰《漢初學術及王充論衡述論稿》，臺北：長安出版社，一九八五年五月初版。
謝朝清《王充治學方法》，臺北：文津出版社，一九八六年七月增訂版。

陳麗桂《中國歷代思想家‧王充》，臺北：臺灣商務印書館，一九八七年八月三版。
陳正雄《王充思想評述》，臺北：文津出版社印行，一九八七年十二月出版。
林麗雪《王充》，臺北：東大圖書公司出版，一九九一年九月。
陳　拱《王充思想評論》，臺北：臺灣商務印書館，一九九六年六月初版第一次印刷。

哲學及方法論類：

唐君毅《哲學概論》，臺北：臺灣學生書局，一九八五年校訂版。
唐君毅《中國哲學原論‧原道篇二》，臺北：臺灣學生書局，一九七六年八月修訂再版。
曾仰如《中國哲學問題探微》，臺北：輔仁大學出版社印行，一九九一年二月初版。
胡適手稿本《中國中古思想小史》，臺北：胡適紀念館印行，一九六九年四月出版。
任繼愈主編《中國哲學發展史‧秦漢》，北京：人民出版社，一九八五年二月北京第一次印刷。
勞思光《新編中國哲學史(二)》，臺北：三民書局，一九八九年十月增定五版。
徐復觀《兩漢思想史》，臺北：臺灣學生書局，一九九三年初版五刷。
王邦雄等編著《中國哲學史》，臺北：國立空中大學，一九九五年八月初版。
馮友蘭《中國哲學史》（增訂本），臺北：臺灣商務印書館，一九九六年十一月增訂臺一版第三次印刷。
單繩武《理則學》，臺北：三民書局，一九六三年五月初版。

宋稚青《邏輯與科學方法》，臺北：自由太平洋文化事業公司，一九六五年三月三版
趙雅博《邏輯實證論》，臺北：啓業書局，一九六八年二月初版。
李天命《語理分析的思考方法》，臺北：鵝湖出版社，一九九三年三月台四版。
任卓宣《思想方法論》，臺北：帕米爾書店，一九八〇年五月三版。
何秀煌《邏輯》，臺北：東華書局，一九八四年十一月初版。
何秀煌《思想方法導論》，臺北：三民書局，一九八六年十月四版。
鐘友聯《墨家的哲學方法》，臺北：東大圖書公司，一九八六年八月三版。
趙雅博《知識論》，臺北：幼獅文化事業公司，一九九〇年七月初版二印。
張永聲主編《思維大全》，江蘇：科學技術出版社，一九九一年一月第一版第二次印刷。
蕭勒士原著・林炳錚譯《如何使思想正確》，臺北：協志工業叢書出版，一九九二年六月第一版第二十刷。
楊士毅《語言、演譯、邏輯哲學》，臺北：書林出版有限公司，一九九四年三月初版。
朱志凱《邏輯與方法》，北京：人民初版社，一九九六年六月北京第一版第二次印刷。
林照田、曾漢唐編譯《理則學》，臺北：國立空中大學，一九九七年八月初版。
劉福增編譯《邏輯與哲學》，臺北：心理出版社，一九九七年九月初版二刷。
杜維運《史學方法論》，臺北：三民書局，一九九五年九月十三版。

高帆《虛假論》，遼寧：人民出版社，一九九六年一月第三次印刷。
曹春秀《先秦典籍中演繹邏輯之運用》，臺北：黎明文化事業出版社，一九八六年三月。
汪奠基《中國邏輯思想史》，臺北：明文書局，一九九三年十二月初版。
孫中原著《詭辯與邏輯名篇賞析》，臺北：水牛出版社，一九九八年四月二版二刷

經史古籍校注：

屈萬里著《尚書釋義》，臺北：中華文化大學出版部，一九八四年十一月初版修定。
周嘯天主編《詩經鑑賞》，臺北：五南圖書出版公司，一九九六年一月初版二刷。
王聘珍《大戴禮記解詁》，臺北：文史哲出版社，一九八六年四月出版。
王夢鷗《禮記校證》，臺北：藝文印書館，一九七六年十二月出版。
清・劉寶楠《論語正義》，臺北：文史哲出版社，一九九〇年十一月初版。
宋・朱熹《四書集注》，臺北：漢京文化事業有限公司，一九八三年十一月初版。
李滌生《荀子集釋》，臺北：臺灣學生書局，一九七九年二月初版。
宋・黎靖德編《朱子語類》，臺北：正中書局，一九六二年十月台一版。
漢・趙歧《孟子趙注》，臺北：新興書局，一九七〇年八月一版。
嚴堯昌《管子校釋》，長沙：岳麓書社發行，一九九一年二月第一版第一次印刷。
吳毓江《墨子校注》，重慶：西南師範大學出版社，一九九二年八月第一版。

清・孫詒讓《定本墨子閒詁》，臺北：世界書局，一九六八年十月十一版。
漢・陸賈《新語》，臺北：世界書局出版，一九六二年四月出版。
漢・賈誼《新書》，臺北：世界書局出版，一九六二年四月出版。
清・蘇輿《春秋繁露義證》，北京：中華書局，一九九二年十一月第一次印刷。
陳奇猶《韓非子集釋》，臺北：華正書局，一九八七年八月初版。
陳奇猶《呂氏春秋校釋》，臺北：華正書局，一九八五年八月初版。
楊家駱主編《新校本史記三家注併附編二種》，臺北：鼎文書局，一九九〇年十一月九版。
楊家駱主編《新校本漢書并附編二種》，臺北：鼎文書局，一九九五年一月八版。
《後漢書集解》，臺北：藝文印書館印行。
清・王鳴盛《十七史商榷》，臺北：廣文書局，一九七一年五月再版。
清・浦起龍《史通通釋》，臺北：九思出版社，一九七八年十月臺一版。
《中華神仙傳記文獻初編》，臺北：幼捷出版社，一九九二年三月初版。

工具書：

清・段玉裁《說文解字注》，臺北：天工書局，一九八七年九月再版。
《哲學大辭書》，臺北：輔仁大學出版社，一九九三年出版。
陳麗桂《兩漢諸子研究論著目錄》（一九一二～一九九六），臺北：漢學研究中心編印，一九九八年七月。

語文：

洪湛侯《文獻學》，臺北：藝文印書館，一九九六年三月初版。
羅聯添等編著《國學導讀》，臺北：巨流圖書公司，一九九〇年一月一版一印。
黃慶萱《修辭學》，臺北：三民書局，一九九〇年三月增訂四版。

自然科學及社學科學類：

劉君燦《中國天文學史新探》，臺北：明文書局，一九九八年七月三十日初版。
陳遵嬀《中國天文學史・天文測算編》，臺北：明文書局，一九九六年三月再版。
阮國全《星星的運動與四季星座》，臺北：臺北市立天文科學教育館員工消費合作社編印，一九九七年元月再版。
李約瑟《中國之科學文明》，第五冊，臺北：臺灣商務出版社，一九七五年一月初版。
張春興《心理學》，臺北：臺灣東華書局，一九八二年八月修定九版。
楊國樞主編・葛樹人著《心理測驗學》，臺北：桂冠圖書公司，一九九四年初版三刷。
陳樸生《刑事訴訟法》，臺北：三民書局，一九七九年十月三版。
蔡墩銘《刑事證據法裁判百選》，臺北：月旦出版社，一九九四年九月初版。

二、博碩士論文：

田臺鳳《王充思想研究》，臺北：國立政治大學中國文學研究所碩士論文，指導教授于大成，民國六十四年五月。

潘清芳《王充研究》，臺北：國立臺灣師範大學國文研究所碩士論文，戴璉章教授指導，民國六十六年六月。

朱麗秀《王充形神思想研究》，臺北：中國文化大學哲學研究所碩士論文，指導黎惟東教授，民國八十五年年六月。

三、期刊論文：

徐道鄰〈王充論〉，《東海學報》，第三卷一期，頁一九七－二一四，一九六一年六月。

任卓宣〈王充的問孔刺孟述評〉，《銘傳學報》，第四期，頁三九－四五，一九六五年十一月。

陳麗桂〈充滿批判精神的王充〉，《中華文化復興月刊》，第十三卷，第五期，頁五二－五九，一九八〇年五月出版。
張奉箴〈論衡思想及其影響〉,《教育學刊》,第七期,高雄師範大學研究所,一九八七年出版。
曹春秀〈先秦兩難論式的運用〉,《源遠學報》,第一期,頁一一五—一二六,一九八八年十一月。
王讚源〈思考的盲點—思想方法探討之一〉,中華文化復興月刊,二十二卷八期,一九八九年八月。
林惠勝〈王充問孔研究—兼談儒學之現代化〉《臺南師院學報》,第二十二期,頁二八三—二九九,一九八九年四月
傅　堅〈王充的效驗論證法試析〉,《華南師範大學學報》(社會科學版),第三期,頁三八-四三,一九九一年七月。
楊偉榮〈王充論衡書虛篇、變虛篇、異虛篇引例析論〉,《雲林工專學報》,第五期,頁五三-五四六。
陳榮灼〈作爲類比推理的《墨辯》〉,《鵝湖學誌》,第二期,頁一—二五。
趙金祁〈科學哲學對科學知識主體主張的演變〉,《科學教育月刊》第一五四期,頁二—一四,一九九二年十一月
林俊宏〈論衡的思想研究〉,《鵝湖月刊》,第二十卷第五期,總號二三三,頁四二—五六,一九九四年十一月出版。
曾漢塘〈試觀王充論死〉,《哲學年刊》,第十期,一九九四年六月出版。

戴杏林〈王充《論衡・問孔篇》中的一些問題〉，《孔孟月刊》，第三十三卷，第十二期，頁三四－四〇，一九九五年八月出版。
王全吉〈王充的生平及時代背景〉，《中正學刊》，二十期，頁四九-七〇，一九九六年十月。
盧文信〈西漢天人思想於天文學中的體現與影響〉，《輔大中研所學刊》，第八期，一九九八年九月出版。

國家圖書館出版品預行編目資料

王充批判方法運用例析／盧文信著. --初版.
--臺北市：萬卷樓，民 89
面；　公分
ISBN 957-739-305-5(平裝)

1.(漢)王充-學術思想-哲學 2.批判哲學

122.7　　　　89014379

王充批判方法運用例析

著　　者：盧文信
發 行 人：許錟輝
出 版 者：萬卷樓圖書有限公司
台北市羅斯福路二段 41 號 6 樓之 3
電話(02)23216565・23952992
FAX(02)23944113
劃撥帳號 15624015
出版登記證：新聞局局版臺業字第 5655 號
網站網址：http://www.wanjuan.com.tw/
E　-mail：wanjuan@tpts5.seed.net.tw
經銷代理：紅螞蟻圖書有限公司
台北市內湖區文德路 210 巷 30 弄 25 號
電話(02)27999490
FAX(02)27995284
承印廠商：晟齊實業有限公司
電腦排版：浩瀚電腦排版股份有限公司
定　　價：300 元
出版日期：民國 89 年 9 月初版

(如有缺頁或破損，請寄回本社更換，謝謝)

ISBN 957-739-305-5